POLYGLOTT on tour

Malta

mit Gozo

Die Autorin

Trudie Trox

Die erfahrene Reisebuchautorin, Redakteurin und Übersetzerin lebt und arbeitet in München. Der maltesische Archipel gehört zu ihren bevorzugten Reisezielen.

Reiseplanung

Land & Leute

Unterwegs auf Malta

Die Festungsstadt des Johanniterordens schiebt sich mit turmhohen Mauern zwischen den Grand Harbour und den Marsamxett Harbour. Eine Hafenrundfahrt gehört zu den Höhepunkten einer Malta-Reise. Mehr und mehr entwickelt Valletta auch ein Nachtleben.

Sliema und St. Julian's sind Touristenzentren an der Küste, in Paceville geht nachts die Post ab. Das ruhige, dicht besiedelte Hinterland birgt sehenswerte Kirchen, Zeugnisse der Ritterzeit und mit dem Palazzo Parisio in Naxxar ein echtes Architektur-Juwel.

Reiseplanung

Die Reiseregionen im Überblick][Die schönsten Touren][Klima und Reisezeit][Anreise][Reisen im Land][Sport und Aktivitäten][Unterkunft

Die Reiseregionen im Überblick

Als Kaiser Karl V. dem Johanniterorden die Inseln **Malta, Gozo** und **Comino** als neue Residenz anbot, lautete der Befund der zur Inspektion der neuen Heimat ausgesandten Ritter: »... ein Felsen aus weichem Sandstein. Der Felsboden ist von kaum mehr als drei oder vier Fuß Sand bedeckt.«

Allen, die heute in Malta ankommen, kann es genauso ergehen wie der Abordnung im 16. Jh. Die beherrschenden Farbtöne der Insel sind das lichte Gelb der Bauten und das dunklere Rostrot der Erde.

Die fremden Herren Maltas, das 1964 die Unabhängigkeit erlangte, hinterließen in fast sieben Jahrtausenden ein beachtliches kulturelles Erbe: prächtige Barockbauten aus der Zeit der Johanniterritter, mittelalterliche Städtchen und die einzigartigen Tempel der Megalithkultur.

Nicht nur aus kultureller Sicht ist **Valletta** die alles überragende Bastion des Archipels, auch optisch beherrscht Maltas Hauptstadt den Grand Harbour. Valletta lebt von den zentralen Institutionen des Staates, lockt mit Museen, einer prächtigen Kathedrale, der ehemaligen Residenz der Großmeister des Johanniterordens und einladenden Geschäften. Vor allem aber entwickelt Valletta allmählich auch ein Nachtleben. Insbesondere im Sommer haben Restaurants nicht mehr nur mittags geöffnet, man schlendert abends über die Bastionen, hinunter zu den schmuck restaurierten alten Lagergebäuden der Waterfront beim Kreuzfahrthafen und kehrt in Weinbars in alten Gewölben ein. Auch die Three Cities im Osten des Grand Harbour, Senglea, Vittoriosa und Kalkara, wecken nicht länger nur als historisch bedeutende Orte Interesse.

Natürlich ist Valletta keine Konkurrenz zu den Zentren des Nightlife von Paceville und St. Julian's an der **zentralen Nordküste,** es fehlt ihr ein Pendant zur coolen Promenade, die von Sliema Point bis zur St. George's Bay verläuft. So zahlreich sich die Hotels, Restaurants und Unterhaltungslokale von Sliema bis Paceville reihen, so dünn gesät sind sie im Häusermeer des Hinterlandes. Durch neu ausgebaute Straßen fällt die Orientierung zunehmend leichter, um zum hinreißend schönen Palazzo Parisio in Naxxar zu finden oder nach Mosta, in Vallettas Umland, mit der von einer riesigen Kuppel bekrönten Pfarrkirche – nur zwei Beispiele unter den Sehenswürdigkeiten, die vielfach auf den Ritterorden zurückgehen.

In **Maltas Osten** sind spektakuläre archäologische Funde und das Meer die Themen. *Marsa*, der Hafen, fasziniert in Marsaskala und lockt auch die Einheimischen in die unzähligen Fischlokale, volkstümlich bunt aber gibt er sich in Marsaxlokk, wo sonntags das Wimmelbild der

Boote noch um die Marktstände bereichert wird. In keiner Region der Insel sind außerdem die prähistorischen Funde so präsent wie hier; einzigartig etwa ist das Hypogäum in Paola, ein drei Stockwerke tief in Stein gehauener Modell-Tempel, annähernd so, wie einst die Tempelanlage von Tarxien ausgesehen haben mag.

Die Fantasie für Ritterspiele und Piratenabenteuer weckt eine Tour durch die engen Gassen von Mdina und entlang der bizarren Steilküste bei Dingli, während sich das Rätselraten über die Tempelbauer in grauer Vorzeit in den Tempeln von Hagar Qim und Mnajdra fortsetzt. **Maltas Südwesten** begeistert auch wanderfreudige Besucher, wenn die Tour alten Befestigungslinien folgt oder über fruchtbare Feldterrassen oberhalb der Küste führt, im Blick die Miniinsel Filfla oder die Kirchtürme von Dingli und Mdina.

Am Wochenende verlagert sich die Rushhour auf die Regionalstraßen zwischen Valletta bzw. St. Julian's und Cirkewwa – die **Strände des Nordwestens** erleben die ganz normale sommerliche Invasion der Insulaner. Strandleben ist Volksleben auf engem Raum, bunt, unterhaltsam, keinesfalls nobel. Ob Mellieha Bay, Golden Bay, Paradise Bay oder die sandigen Buchten der Marfa Ridge: Ruhe wird man an Maltas Stränden in den Ferienmonaten nur frühmorgens finden oder bei Einbruch der Dunkelheit. Selbst die Blue Lagoon des Inselchens **Comino** wird an den Sommerwochenenden vom Trubel beherrscht.

Die gleiche Fülle kennt Ramla Bay auf **Gozo,** Maltas kleiner Schwester, deren Charakter ansonsten als sehr ländlich und gelassen zu beschreiben ist. Alle Dramatik bietet die Insel an der Westküste auf, wo die donnernde Brandung riesige »Fenster« in die Kalksteinnase an der Dwejra Bay gebrochen hat, während Salz und Wellen im Norden den hier weicheren gelblichen Kalk zu sanften Steinwogen formten und am Fuß steiler Täler lauschige Badebuchten einladen. Die neolithische Tempelanlage von Ggantija, eine Stadtburg hoch über **Victoria,** dem Hauptort der Insel, Fischerleben und Fischrestaurants in Marsalforn – auf den ersten Blick mag Gozo wie Malta in klein erscheinen, dennoch verleihen ihm die jäh abfallenden Felsenkämme und die kegeligen Erhebungen, an denen sich die Felder und Weinberge hinaufziehen, ein eigenes Gepräge.

Strand an der Ramla Bay, Gozo

Die schönsten Touren

Malta und Gozo in drei Tagen

1 Valletta › Grand Harbour › St. Julian's oder **Marsaskala/ Marsaxlokk › Hypogäum/Tarxien › Marsaxlokk › Tempel Hagar Qim/Mnajdra › Dingli Cliffs › Cart Ruts › Mdina/Rabat › Mosta › Naxxar › Nordküste**
Gozo: Mgarr › Victoria › Xaghra (› Ramla Bay) › Marsalforn › Zebbug › Gharb › Dwejra Bay › Xlendi › Mgarr

Distanzen:

Valletta › St. Julian's oder **Marsaskala/Marsaxlokk** jeweils 15 bis 20 Automin.; **Hypogäum/Tarxien › Marsaxlokk** 6 km; **Marsaxlokk › Tempel Hagar Qim/Mnajdra** 16 km; **Tempel Hagar Qim/Mnajdra › Dingli Cliffs** 11 km; **Dingli Cliffs › Mdina/Rabat** 6 km; **Mdina › Mosta** 4,5 km; **Mosta › Naxxar** 1,75 km; **Naxxar › St. Julian's** 5,5 km; **Überfahrt nach Gozo** 25 Min.; **Rundfahrt auf Gozo** insgesamt 46 km.

Verkehrsmittel:

Der Tag in Valletta ist mühelos zu Fuß zu bestreiten, die Anfahrt mit dem Bus bis an den Rand der Innenstadt unproblematisch. Ab The Strand in Sliema pendelt außerdem eine Personenfähre zum Westrand der Hauptstadt. Einen Mietwagen sollte man in Floriana abstellen, da Parken in der Stadt kostenpflichtig ist.

Am zweiten und dritten Tag kommt man ohne Mietwagen nicht aus. Die Busverbindungen auf der Insel sind zwar gut, reichen aber für die Besichtigung im Schnelldurchlauf nicht aus. Wer die Malta-Rundtour auf zwei ganze Tage verteilen kann, kann von Montag bis Samstag mit dem neuen Malta-Sightseeing-Bus (www.choosemalta.com), der auf einer Süd- und einer Nordroute ab Sliema im Stundentakt die wichtigsten Sehenswürdigkeiten anfährt, das Wichtigste entspannt kennenlernen.

Nach Gozo setzt man mit der Fähre über › S. 23. Für die Gesamttour dort ist ein Auto sinnvoll, da die Busse mitunter sehr unzuverlässig fahren. Wer auf der Insel wohnt und über eine gute Kondition verfügt, kann die Tour auf Gozo – Mgarr ausgeklammert – leicht auch mit einem guten Tourenrad unternehmen, die Bereitschaft vorausgesetzt, an langen Steigungen kräftig zu strampeln.

Karte Umschlag hinten

Bei einer Insel von der Größe Maltas könnte man glauben, das Wichtigste an einem Tag zu sehen, doch trotz des ausgebauten Straßennetzes reicht ein Tag allein nicht aus.

Heiligenfiguren schmücken die Plätze

Erster Tag: ****Valletta** › S. 54 blinzelt der Sonne entgegen, sobald werktags die Ladengitter gegen 8.30 oder 9 Uhr in die Höhe rattern. Um sich ein Bild von dieser ungewöhnlichen Stadt zu machen, bietet sich zunächst die ****Grand Harbour Tour** › S. 72 ab Sliema, The Strand, an: durch den Marsamxett Harbour vorbei an Fort St. Elmo hinüber in den Grand Harbour und zu den **Three Cities** › S. 74: Vittoriosa, Senglea und Kalkara. Auf Meeresniveau präsentiert sich, was später zu Fuß auf dem Programm steht: **Republic Street** › S. 59, Vallettas pulsierende, geschäftige Lebensader und Bindeglied zwischen ****Archäologischem Museum** › S. 59, ****St. John's Co-Cathedral** › S. 60, ****Großmeisterpalast** › S. 63 und ***Fort St. Elmo** › S. 67; das ***Hospital der Ordensritter (Sacra Infermeria)** › S. 68 mit einem hervorragenden Museum und der Multivisionsshow »The Malta Experience«, die **Upper Barraca Gardens** › S. 58 und die neue **Waterfront** › S. 73 beim Kreuzfahrthafen. Eingerahmt von Vallettas steinernem Meer liegt der **Republic Square** › S. 62, wo das traditionsreiche Caffè Cordina viel Konkurrenz bekam. In den schmalen Gassen kann man eine Mittagsmahlzeit nehmen oder auch für einen Open-air-Lunch hinunter zur Waterfront spazieren. Das Erlebnis Promenade und kulinarischer Genuss aus dem Meer ist schließlich das Motto für den Abend im quirligen **St. Julian's** › S. 82, in **Marsaskala** › S. 112, im attraktiven ***Marsaxlokk** › S. 113 oder **St. Paul's** › S. 120.

Zweiter Tag: Maltas weltweit einzigartiger unterirdischer Tempel, das *****Hypogäum von Hal Saflieni** bei Paola › S. 110, ist ein absolutes kulturelles Muss. Eine schöne, doch nicht gleichwertige Alternative bietet die nahe neolithische ****Tempelanlage von Tarxien** › S. 111 mit ihren bemerkenswerten Tier- und Spiralreliefen. Bevor es zu den prähistorischen Höhepunkten hoch über der Südküste in ****Hagar Qim** und **Mnajdra** › S. 105 geht, lohnt für alle, die abends nicht schon dort waren, ***Marsaxlokk** › S. 113 den Abstecher nach Osten, wo die bunten Luzzu-Boote der Fischer pittoresk und zahlreich im Hafen dümpeln.

Mdina, die alte Hauptstadt Maltas

Es ist nicht die blaue Grotte von Capri, aber bei Sonnenschein leuchtet auch die **Blue Grotto** › S. 106 an Maltas Südküste unter einem gewaltigen Felsenbogen in magischen Blautönen. Bei der kleinen Bootstour in die Grotte schaukelt man hautnah am Fuß der Steilwände entlang, über die man wenige Kilometer weiter bei den ***Dingli Cliffs** › S. 103 – diesmal von oben – staunt. Auf dem Weg ins Inselinnere nach Mdina findet man die ***Cart Ruts** › S. 102, vermeintlich prähistorische Karrenspuren, die weltweit einzigartig und nirgendwo im Archipel so zahlreich sind wie bei Dingli. Nach wie vor stellen sie die Archäologen vor ein Rätsel. ****Mdina** › S. 93, eindrucksvoll auf einem Felssporn thronend, wirkt in seinen engen Gassen arabisch geheimnisvoll. Barocke Paläste, die berühmte Kathedrale, die Fundstücke aus römischer Zeit im Museum vor der Stadtmauer sind Zeugnisse der langen Baugeschichte, ebenso wie die Katakomben der Zwillingsstadt **Rabat** › S. 98. **Mosta** › S. 85 mit der kuppelbekrönten Kirche ***St. Marija Assunta** und der barocke Palazzo Parisio in **Naxxar** › S. 85 lohnen den Stopp auf dem Weg zurück zur Nordküste.

Dritter Tag: Cirkewwa ist Maltas Sprungbrett nach **Gozo.** Wer im Umkreis Valletta – St. Julian's wohnt, passiert auf dem Weg zum Fährhafen die größte Badebucht der Insel, **Mellieha Bay** › S. 123, und den markanten **Red Tower** › S. 123 aus der Zeit der Ordensritter.

Gozos Fähr- und Fischerhafen **Mgarr** ist ein klassischer Durchgangsort. **Victorias** › S. 131 schönste Attraktion ist die** **Zitadelle** rund um die Kathedrale mit einem großartigen Ausblick auf die Unterstadt, bis hinüber ins nördlich gelegene **Xaghra** › S. 134, mit den ältesten Tempelanlagen des Archipels, ****Ggantija** › S. 135. Wer nicht baden möchte, kann sich den Weg zur breiten **Ramla Bay** › S. 135 schenken.

Marsalforn › S. 135 ist genau der Ort für eindelikates Essen am Meer. Westlich davon erstrecken sich kilometerweit bis heute genutzte Salinen an einer zu extravaganten Formen erodierten Küste. Das Erlebnis der von Gemüse- und Weinanbau geprägten Landschaft lohnt die Fahrt über **Zebbug** nach Westen, wo weithin sichtbar die Wallfahrtskirche **Ta' Pinu** aufragt. **Gharb** › S. 136 mit seinem schmucken Kirchplatz verströmt eine freundliche Atmosphäre, sehenswert ist auch das ***Gharb Folklore Museum**. Auf dem Weg zur Westküste, zur Dwejra Bay, passiert man das Souvenirdorf **Ta' Dbiegi** › S. 137. Spektakulär ist das aus dem Meer aufsteigende Felsentor ***Azure Window** an der ****Dwejra Bay** › S. 137 und der Binnensee ***Inland Sea**. Ein Abstecher zur Südküste führt zur romantisch zwischen Klippen eingezwängten Hafenbucht ***Xlendi Bay** › S. 138 – Gozos kleinste Badebucht, die im Sommer stark frequentiert ist.

Zwei Tage auf den Spuren des Ritterordens

–②– Valletta › Three Cities › Birkirkara › Attard › Mdina › Buskett Gardens

Distanzen:

Vittoriosa › Attard 10 km; **Attard › Mdina** 4 km; **Mdina › Buskett Gardens** 3 km

Verkehrsmittel:

Für den Tag in Valletta gilt dasselbe wie in der vorhergehenden Tour. Die Fahrt über Land unternimmt man am besten mit dem Mietwagen, damit ist man bei den Sehenswürdigkeiten sehr viel flexibler, und Querverbindungen sind mit den öffentlichen Bussen kompliziert.

Über mehr als 250 Jahre haben sie die Inseln Malta und Gozo, ihre Topographie und Kultur geprägt: die Malteser Ritter. Ihren Spuren zu folgen heißt, eine charakteristische Seite Maltas kennen zu lernen.

Erster Tag: 200 Jahre nach ihrer Vertreibung sind die Ordensritter 1998 auf die Insel zurückgekehrt, erhielten Fort St. Angelo in Vittoriosa

An den Dingli Cliffs

als Residenz. Zugleich unterhält der Orden eine diplomatische Vertretung in der Bastion **St. John's Cavalier** in ****Valletta,** das einen Tag mit historischem Programm füllt. ****St. John's Co-Cathedral** › S. 60, die prunkvolle Grablege vieler Ordensmitglieder, der ****Großmeisterpalast** › S. 63 sowie ein Besuch in der ***Sacra Infermeria,** dem Hospital der Ordensritter › S. 68, und seiner geschichtlichen Ausstellung mit Multivisionsshow vermitteln die gewaltigen baulichen Leistungen des Ordens, allein in Valletta. Ein Bummel durch die herrlichen Grünanlagen der **Bastionen** im Osten gewährt einen Ausblick auf den ****Grand Harbour** › S. 72 und die trutzigen Forts der **Three Cities** › S. 74. Eventuell lässt sich mit dem Valletta-Tag eine 90-minütige **Hafenrundfahrt** › S. 72 ab Sliema verbinden.

Zweiter Tag: Von den Anfängen des Johanniterordens zu den prächtigen Palästen – das ist das Motto dieses Tages. Beginnen Sie mit einem Spaziergang in den **Three Cities** (Cottonera). **Fort St. Angelo** in ***Vittoriosa** › S. 74 wählte der Orden zum Hauptsitz, als er 1530 hier Fuß fasste. Des Papstes Inquisitor wirkte im **Inquisitor's Palace**, im heutigen Dock 1 entstanden die Galeeren der Ritter, einige sind im **Maritime Museum** zu sehen. Auf den Landzungen zwischen den neuen Docks von **Senglea** › S. 77 und der beliebten Filmkulisse **Fort Ricasoli** › S. 74 hat das Leben in den engen Gassen den Charme des unaufgeregt Normalen. Danach geht es aufs Land, besser gesagt an den Südrand des Häusermeeres rund um Valletta. Hinter Hamrun begleitet zwischen Sta. Venera und **Attard** der **Wignacourt-Aquädukt** › S. 88 die Straße, ursprünglich konstruiert zur Wasserversorgung Vallettas, wie auch des Landsitzes der Ritter in Attard: **San Anton Palace** › S. 88. In ****Mdina** › S. 93, der einstigen Hauptstadt auf dem Hochplateau, dominieren wehrhafte Mauern, Paläste und eine Kathedrale, errichtet von den Großen des Ritterordens, aber die Gassen folgen noch dem Straßenplan der ursprünglich arabischen Stadt. Die Sommerresidenz der mächtigen Großmeister des Johanniterordens, der nicht zugängliche ***Verdala Palace** › S. 101, erhebt sich über den **Buskett Gardens** › S. 102, in denen am Wochenende das Leben brodelt.

Karte Umschlag hinten

Natur zwischen Europa und Afrika

3 Il-Ghadira › Pwales Valley › Golden Bay/Ghajn Tuffieha/ Gnejna Bay (› Mtahleb) › Dingli Cliffs › Siggiewi › Blue Grotto › Ghar Dalam

Distanzen:

Gesamtstrecke **Il-Ghadira › Ghar Dalam** 48,5 km (Abstecher Rabat › Migra Ferha 11,5 km)

Verkehrsmittel:

Das Auto ist das ideale Fortbewegungsmittel bei dieser Tagestour, für die Querverbindungen sind die öffentlichen Busse nicht geeignet.

Das kleine Naturschutzgebiet **Il-Ghadira** › S. 122 in der Mellieha Bay bietet von September bis April (mit Führungen) einen ersten Einblick in Maltas Vogelwelt, wenn an der Lagune der größte Vogelflugbetrieb herrscht. Dann führt der Weg zur Westküste. Vorbei an **Mellieha** und über die **Bajda Ridge** schlängelt sich die Straße hinunter in das fruchtbare **Pwales Valley.** Kaum noch sieht man filigrane Windräder, die früher hier zahlreich Wasserpumpen angetrieben haben, dafür umso mehr Folientunnel und Treibhäuser für Gemüse und Früchte.

Endpunkt der Straße im Westen ist ***Ghajn Tuffieha** › S. 125 und eine sandige Badebucht gleichen Namens, bewacht von einem Turm aus der Ritterzeit. Nördlich davon werden die derben Kalkfelsen unterbrochen von der ***Golden Bay** › S. 125: feinsandig, länger als alle anderen Strandsicheln dieser Küste – und mit touristischer Infrastruktur. Etwas weiter südlich zählt ***Gnejna Bay** › S. 126 wie die Bay von Ghajn Tuffieha zu den familiären Strandzielen, an den Wochenenden reichen die Autoschlangen weit hinauf nach Mgarr. Sucht man die Ruhe, so begibt man sich in Richtung Südosten über die einsamen Höhen der **Victoria Lines** zu den ***Dingli Cliffs** › S. 103 an Maltas Südküste.

Blue Grotto an der Südküste

Wer ein gutes Orientierungsvermögen hat und gerne Kurven fährt, wird den Abstecher zur stillen Küste südlich von **Mtahleb** genießen, wo 1091 der Normannenkönig Roger I. an der winzigen Bucht **Migra Ferha** › S. 101 an Land ging. Großartig sind die hohen Felsabbrüche, und ebenso beeindruckend der Blick von Meeresniveau auf die ***Dingli Cliffs,** die Kalksteinklippen, die einige Kilometer weiter (via Rabat) bis zu 250 m aufragen. Wie der Kalkstein, das klassische Baumaterial auf Malta, abgebaut wird, zeigt der Museumssteinbruch in **Siggiewi** › S. 104, wohin ein Abstecher in Richtung Nordosten, ins Inselinnere führt. Eine im Aufbau begriffene Greifvogelstation mit Vorführungen ist die jüngste Attraktion im Ort. An der Südküste zeigt sich Maltas Natur in der türkis schimmernden **Blue Grotto** › S. 106 dann nochmals von ihrer romantischen Seite, und in der Höhle von ***Ghar Dalam** › S. 114 bei Birzebugga im Westen geht man Tausende von Jahren zurück, als Malta Teil einer europäisch-afrikanischen Landbrücke und die Heimat für Kleinelefanten und Flusspferde war.

Touren in den Regionen

Touren	Region	Dauer	Seite
Stadtrundgang	Valletta	1 Tag	56
Von Kuppel zu Kuppel	Zentrale Nordküste	1/2–1 Tag	79
Ritter – Tempel – Klippen	Mdina, Rabat und der Südwesten	1–2 Tage	91
Panoramawanderung	Mdina, Rabat und der Südwesten	3 Std.	92
Tief hinab in graue Vorzeit	Osten	1/2–1 Tag	108
Von Hafen zu Hafen wandern	Osten	ca. 3 1/2 Std.	109
Stille und Trubel im hohen Norden	Nordwesten	1 Tag	117
Von Bucht zu Bucht im Westen	Nordwesten	1 Tag	118
Türme und Strände	Nordwesten	1 Tag	119
Grandiose Westküste zu Fuß	Gozo	1 Tag	129
Per Pedes oder Bike von Victoria nach Marsalforn	Gozo	1/2–1 Tag	130

Klima und Reisezeit

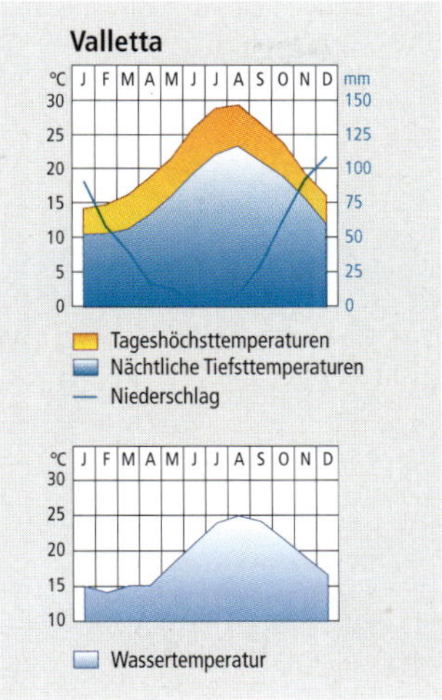

Das Klima des maltesischen Archipels ist subtropisch. Meteorologisch unterscheidet man auf den Inseln vor alem den warmen, trockenen Sommer und den milden Winter. Letzterer wird von heftigen, in der Regel kurzen Regenschauern und zeitweise extrem windigen Tagen geprägt. Schnee fällt so gut wie nie.

Die touristische Anziehungskraft von Malta, Gozo und Comino beruht auf der Garantie des sicheren Badewetters von Ende Mai bis Ende September, jeder kann sich auf kristallklares, sauberes Meerwasser und angenehme Meerestemperaturen freuen.

Im Juni, Juli und August sind Mittagstemperaturen von 35 °C an der Tagesordnung, nachts kühlt es nur auf etwa 25 °C ab. Im Hochsommer herrscht an den Stränden nicht nur an den Wochenenden Hochbetrieb. Im September wehen mitunter heiße Südwinde, die feinsten Sand aus Afrika mitbringen. Der Oktober kann noch sehr sonnig, aber zeitweise stürmisch. sogar nebelig und abends vor allem kühl sein.

Für einen Aktivurlaub sind die kurzen Übergangsmonate ideal – im April/Mai und Oktober/November ist es nicht zu warm, und auch die Vegetation wirkt in dieser Zeit überaus frisch und einladend.

Frühling auf Malta

Wer Malta nur zur Badesaison im Sommer erlebt, wird die Insel angesichts der Trockenheit und der verdorrt wirkenden Vegetation der ariden nordafrikanischen Klimazone zuordnen. Im Frühling jedoch sind weite, blütenbunte Wiesen zu sehen, sattgrüne Felder und eine Üppigkeit der gesamten Flora, wie sie eben Mitteleuropa kennzeichnet. Im Frühjahr und Herbst stürmt auch die Vogelwelt die winzigen Eilande, rastet auf dem Weg zwischen den Kontinenten, und wenige Arten überwintern auch auf den Inseln. In diesen Übergangsjahreszeiten wird klar, wie sehr Malta Trittstein und Bindeglied der Natur zwischen Nord und Süd ist.

Special

Unterwegs mit Kindern

Vergnügen im und am Wasser

Maltesische Familien fahren mit kleineren Kindern überwiegend an die flachen Sandstrände. Ideal für Kleinkinder sind auf Malta die **Mellieha Bay, Golden Bay, Armier Bay, Gnejna Bay,** auf Gozo die **Paradise Bay.**

Für Kinder zwischen 12 und 14 Jahren bietet das **Angeln,** auf Malta uneingeschränkt erlaubt, eine abwechslungsreiche Aktivität. Aussichtsreiche Plätze dafür sind etwa die **Gnejna Bay** oder die **Anchor Bay.** Eine einfache Angelausrüstung lässt sich in etlichen Geschäften der Strandorte erwerben.

Tretbootfahren, mit dem **Kajak** die Bucht erkunden oder **Segeln** lernen ist an der **Mellieha Bay,** Maltas längstem Sandstrand, möglich. An den anderen Stränden ist das Funsport-Angebot etwas weniger breit.

1 Freizeitparks

Für Kinder ab 6 Jahren und deren Eltern ist der **Splash and Fun Water Park** bei Bahar ic-Caghaq ein Erlebnis: ein Schwimmbecken mit künstlichen Wellen, ein Lazy River, auf dem man im dicken Schwimmreifen vorwärts treibt, bis hin zur riesigen Family-Looping-Wasserrutsche. Ein Lokal bietet reiche, kindgerechte Auswahl an Speisen, Kioske außerdem Getränke.

Im nebenan gelegenen **Mediterraneo Marine Park** erobern

die Stars der Tierdressuren – Papageien, Seelöwen, Delfine – die Herzen der Kinder. Das rund 20-minütige Schwimmen mit Delfinen ist nicht ganz billig (120 €, nur zuschauen: 15 €). Mehrmals täglich können Gruppen von ca. 10 Personen (Kinder ab 8 Jahren) in Tauchanzug und Schwimmweste zu den Tieren ins Becken steigen. Tierschützer kritisieren allerdings den recht engen Lebensraum der Delfine.

■ Splash and Fun Water Park
Coast Road, Bahar ic-Caghaq
Tel. 21 37 42 83
www.splashandfun.com.mt
Tgl. ab 9 Uhr, Eintritt: Erw. 18,00 €, Kinder/Sen. 10,00 €

■ Mediterraneo Marine Park
www.mediterraneo.com.mt
7. Jan.–8. Febr. geschl., März–Okt. 10 bis 17, Febr. 10–13.30 Uhr, Mo. geschl.; Eintritt: Erw. 15,50 €, Kinder/Sen. 10,50 €.
Für beide Parks sind auch günstige **Kombi-Tickets** erhältlich.

Lustige bunte Männchen

Im **Playmobil Fun Park** im Hal-Far-Industriegebiet, nahe Birzebuggia im Südosten von Malta, werden Kinderträume wahr: vom Bauernhof für die Kleinsten bis zur Ritterburg für die Älteren. Shop und Cafeteria gibt es auch (Juli–Sept. Mo–Sa 10–18, So 10–13 Uhr, sonst tgl. 10–18 Uhr; regelmäßig 45-Min.-Touren durch die Fertigungsanlagen, ab 6 Jahre, Anfrage und Anmeldung unter Tel. 22 24 24 44, www.playmobil.de).

Piratenbucht

Als Robert Altman Ende der 1970er-Jahre die Kulisse für seinen spinatgedopten Muskelmatrosen Popeye suchte, schien die Anchor Bay ideal, und Hollywood baute einen Haufen windschiefer bunter Häuschen hinein: **Popeye Village**. Malta gewann eine neue Attraktion für Kinder. Vergnügungspark, Restaurant und Bootstouren komplettieren das Unterhaltungsangebot.

Popeye Village Fun Park
Anchor Bay, am Kreisel der Mellieha Bay landeinwärts abbiegen.
Tel. 21 52 47 82/-3/-4
www.popeyemalta.com
Jan.–Febr., Nov. 9.30–16.30, März–Juli, Sept.–Okt. 9.30–17.30, Aug. 9.30 bis 19 Uhr; Eintritt: Erw. 11,50 €, Kinder 9,50 € (mit Benutzung des Wasserparks), im Winter (Wasserpark geschl.) Erw. 9,50 €, Kinder 7,50 €.

Spielplatzspaß

Attraktiv und vor allem abends beliebt sind die **Spielplätze westlich des St. Julian's Tower in Sliema.** Durch Zäune von der breiten Promenade und dem Beachclub an der Tower Road abgegrenzt, darf hier gerutscht, geklettert und geschaukelt werden. Zur Sicherheit sind große Flächen unter den Gerüsten und Spieleinrichtungen sogar mit einem weichen Kunststoffboden ausgelegt.

In **Mdina** vor dem **Main Gate** hat ein kleiner Spielplatz mit einfachen Geräten ebenfalls abends regen Zulauf.

Anreise

Mit dem Flugzeug

Direktverbindungen zum **Luqa International Airport,** südwestlich von Valletta, bestehen mit der nationalen Fluggesellschaft **Air Malta** (www.airmalta.com) von Berlin, Düsseldorf, Köln/Bonn, Frankfurt/M., Hamburg, München, Wien, Genf und Zürich (mit saisonalen Abweichungen). **Lufthansa** fliegt ab Frankfurt/M., **Ryan Air** von kleineren deutschen, österreichischen und Schweizer Flughäfen. Charterflüge bieten, je nach Saison, Air Malta und andere Fluglinien.

Harbourair unterhält vom Kreuzfahrtterminal »Valletta Waterfront« eine tägliche Verbindung mit einem Wasserflugzeug zum Hafen (Marina) von Mgarr auf Gozo.

■ **Luqa International Airport**

Tel. 21 24 96 00. Fluginformationen: Tel. 50 04 33 33][www.maltairport.com
Auf den 6 km zwischen dem Airport Luqa und Valletta verkehrt der **Linienbus 8** 6–21 Uhr alle 20 Min. (Haltestelle vor dem Abflugterminal, Fahrtzeit 15 Min.).

■ **Air Malta**

Airport Luqa][Tel. 22 99 98 84/-5, 24-Std.-Service. Freedom Square, Valletta Tel. 21 24 06 86][www.airmalta.com. Mo–Fr 8.30–17 Uhr;

Autofahren auf den Inseln

Wer sein Auto mitbringt, benötigt keinerlei Grenzdokumente; Nationalitätszeichen (D, A, CH), nationaler Führerschein sowie die Grüne Versicherungskarte sind ausreichend.

Auf den maltesischen Inseln herrscht Linksverkehr; in geschlossenen Ortschaften gilt ein Tempolimit von 40 km/h, außerhalb von 80 km/h, an Gefällestrecken sind teils nur 40 oder 50 km/h erlaubt. In abgelegenen Ecken der Inseln empfiehlt es sich, langsamer auf den teils sehr engen, mit Schlaglöchern übersäten Straßen herumzukurven.

Der Zustand auf den Hauptdurchgangsstraßen hat sich in den letzten Jahren enorm verbessert, bisweilen aber fehlen noch die wünschenswerten Beschilderungen. Nur in Valletta und Mdina sind einige Straßenschilder zweisprachig. Die maltesischen Bezeichnungen *Triq* (Straße) und *Misrah* (Platz) sollte man sich einprägen. Wer im Kreisverkehr *(round-about)* fährt, hat Vorfahrt; Stoppschilder regeln die Ausnahmen. Bei Kreuzungen gilt die jeweils ausgeschilderte Vorfahrt. Achtung ist bei Bussen geboten, die schwungvoll von den Haltestellen wieder auf die Fahrbahn ziehen.

!! Bei Unfällen muss die Polizei benachrichtigt werden (Tel. 191); die Position der Unfallfahrzeuge darf nicht verändert werden.

■ **Lufthansa**

Airport Luqa][Tel. 21 25 20 20][www.lufthansa.com

■ **Harbourair**

Reservierung Tel. 21 22 83 02, 21 22 83 09][www.harbourairmalta.com

Mit dem Schiff

Die Katamarane von **Virtu Ferries** verkehren zwischen Valletta und Catania/Sizilien (ca. 3 Std., nur im Sommer) bzw. Pozallo (90 Min., ganzjährig). Frühzeitige Buchung ist angeraten über

Agentur Neptunia

München][Tel. 089/89 60 73 44][www.neptunia.de][www.ferryworld24.de

Reisen im Land

Mietwagen

Autos kann man vor Ort preiswert mieten; sie sind rechtsgesteuert, da auf Malta Linksverkehr herrscht. In der Ankunftshalle des Flughafens haben internationale und lokale Mietwagenunternehmen ihre Vertretungen. Broschüren liegen ferner in den Hotels aus. Eine Vorabreservierung über das Internet ist empfehlenswert, will man eine bestimmte Wagenklasse sicher haben. Da der Linksverkehr gewöhnungsbedürftig ist, empfiehlt sich u.U. ein Pkw mit Automatik; eine Vollkaskoversicherung auf jeden Fall. Personen zwischen 21 und 24 Jahren müssen eine zusätzliche Versicherung abschließen.

Tanken: An kleineren Tankstellen leistet häufig ein Tankwart freundlichen Service, allerdings ist dort Barzahlung üblich. Diese Art von *filling stations* schließen an Werktagen in der Regel um 18/19 Uhr. An Sonn- und Feiertagen haben nur die großen Tankstellen geöffnet, doch steigt die Zahl der rund um die Uhr funktionierenden Tankautomaten.

Busse auf Malta und Gozo

Die teils noch altmodischen Gefährte bieten ein preiswertes Fahrvergnügen. Auf **Malta** gehen die meisten Linien ab vom zentralen Busbahnhof rund um den Tritonenbrunnen am **City Gate** in **Valletta**, auf **Gozo** ab **Victoria (Rabat)**. Grundsätzlich sind auf Malta alle Orte per Bus erreichbar, in der Regel aber über Valletta.

Die **Querverbindungen,** *Direct Services,* gibt es nur auf Malta, hauptsächlich ab Bugibba und Sliema. Sie fahren Rabat/Mdina,

Einfahrt der Fähre in Gozo

Mellieha/Armier Bay, die Golden Bay und Cirkewwa an; die Linie 627 bzw. 427 fährt in den Hafenort Marsaxlokk.

Die **Haltestellen** sind mit blauen oder roten Schildern gekennzeichnet (Achtung: Linksverkehr!). Rote Schilder markieren *request stops*, an denen die Busse nur auf Handzeichen halten. Ist ein Bus überfüllt, kann er auch an den blauen *stops* vorbeifahren.

Wer gerne den Bus nutzt, fährt billiger mit **Tages-** oder **Mehrtagestickets** (für 3, 5, 7 Tage), die direkt beim Busfahrer, an Automaten und Kiosken zu kaufen sind.

Der **Fahrplan** sowie eine **Übersicht des Streckennetzes** sind am Busbahnhof in Valletta und bei der Touristeninformation in Valletta › S. 55 erhältlich, ferner im Internet unter www.atp.com.mt.

!! Die meisten Busse fahren um 21 Uhr ins Depot. Allerdings verkehren in Valletta **Nachtbusse** in die Ausgehviertel Sliema und Paceville (bis 1.30 Uhr, 15. Juni – 15. Sept. bis 3 Uhr).

Taxis

Sie sind nicht ganz billig und auch nicht überall zu bekommen. **Taxistände** gibt es in Valletta, am Flughafen Luqa sowie in Mdina. Auf Gozo stehen meist Taxis am Hafen in Mgarr und im Zentrum von Victoria. Ferner stehen in unmittelbarer Nähe der großen Hotels immer einige Wagen.

Mit 1-PS-Taxis, den **Karrozzin,** kann man sich Valletta und Mdina von der traditionellen Pferdekutsche aus betrachten. Der Preis, den man grundsätzlich vorher aushandeln sollte, bemisst sich nach der Zeit (30 Min. ab ca. 15 €)!

Fähre nach Gozo

Auf der kürzesten Strecke von Cirkewwa (Malta) nach Mgarr (Gozo) verkehren rund um die Uhr Autofähren, von Juli bis September von 23 bis 5 Uhr etwa alle 30 bis 60 Min., sonst 18–5 Uhr im Abstand von 75 bis 90 Min. Die Überfahrt dauert 25 Min. Die Buslinien 45 von Valletta und 48 von Bugibba sind an die Fährpläne angepasst.

- Cirkewwa Office

Cirkewwa][Malta][Tel. 21 58 04 35/-6, 21 57 18 84][admin@gozochannel.com

- Head Office Mgarr Harbour

Mgarr][Gozo][Tel. 21 55 61 14, 21 56 16 22][gborg@gozochannel.com
Fahrplanauskünfte: Tel. 21 55 60 16][www.gozochannel.com

Schiffstouren

Tagestouren mit Verpflegung, Badeaufenthalt und Unterhaltung an Bord bieten diverse Veranstalter über die Reisebüros an; Abfahrtsstellen sind The Strand (Sliema), Bugibba und Mellieha Bay. Zudem sind Bootsausflüge in fast jede Bucht möglich. Infos für Malta und Gozo bei

- Captain Morgan Cruises **Sliema** › S. 24
- Hera Cruises

Tel. 21 33 05 83 und 21 34 74 83][www.herayachtmalta.com

Sport und Aktivitäten

Wasser und Sonne – zu diesen Garantiefaktoren des kleinen Archipels addieren sich etwa 180 km Küste mit flachen Sandstränden und von Felsen umrahmten Buchten. Wer Geselligkeit liebt, kommt an den touristisch erschlossenen Buchten auf seine Kosten. Alle Arten von Wassersport – **Segeln, Surfen, Motorboot, Wasserski** und **Kanufahren, Tauchen** und **Sea Sausage Riding** (z.B. an der Golden Bay) – werden angeboten. Abseits des Trubels bieten zahllose verschwiegene Buchten, bizarre Klippen und wilde Grotten, die man sowohl vom Wasser als auch vom Land aus erreichen kann, ein individuelleres Ferienerlebnis.

Jeden Sonntagnachmittag von Oktober bis Mai strömen die Malteser zu ihrem Lieblings-Zuschauersport, den Trabrennen am **Marsa Race Track** (Infos u.a. im Marsa Sports Club).

Marsa Sports Club

Aldo Moro Street][Marsa (zwischen Valletta und Luqa Airport)
Tel. 21 23 38 51][www.marsasportsclub.com. Im großzügigen Club kann man **kurzzeitig Mitglied werden** und die vorbildlichen Einrichtungen nutzen: Minigolf und Golf (je 18 Löcher), Golf Driving Range, 18 Tennisplätze, Tennislehrer, 5 Squashanlagen, Swimmingpool, Fitness Edge Gym, Billard, Bar, Restaurant.

Echt gut!

Auch abends attraktiv: der Felsstrand in Sliema

Beach Clubs

Die Beach Clubs bestehen nur an der felsigen Küste von **Sliema** und **St. Julian's**, einige Sprachenschulen haben sogar eigene für ihre Studenten. Diese Art Strandbäder bieten den sportlichen Allround-Service: u.a. Liegestühle und Sonnenschirme auf gepflegten Fels- oder Betonplateaus, Umkleiden und sanitäre Anlagen, Openair-Bar, Imbiss oder auch ein Restaurant. Bequem gelangt man über Badeleitern ins Meer. Touristen können Tageskarten kaufen (ca. 5 € pro Tag).

Echt gut!

Der **Paradise Exiles Lido** unterhalb des St. Julian's Tower liegt nicht nur zentral, sondern kostet auch keinen Eintritt. Man bezahlt lediglich die Liege und/oder den Schattenplatz. Mit einer coolen Bar, wo die Musik nach Auswahl der Gäste aus der Jukebox kommt, und einem guten Restaurant nebenan ist »Exiles«, wie es die Einheimischen nennen, auch abends ein sehr beliebter Treffpunkt.

Bootsverleih – Wasserski – Windsurfen

Vielerlei Wassersportaktivitäten bieten: Mellieha Bay, Qawra Coast, Paradise Bay, Golden Bay, Gnejna Bay, St. Thomas Bay, Marsaskala (Malta); Ramla Bay, Marsalforn und Xlendi (Gozo); Comino.

■ **Malta Boardsailing Association**

Tel. 21 69 69][91, Fax 21 69 69 90. Erteilt allgemeine Informationen für Windsurfer. Segelboot- und Jachtcharter mit allen Serviceleistungen:

■ **Captain Morgan Yacht Charter**

Dolphin Court][Tigné Seafront][Sliema][Tel. 23 46 33 33
www.yachtcharter.com.mt, www.vaptainmorgan.com.mt

■ **Adira Sailing Centre**

Marfa Road][Ghadira Bay][Mellieha][Tel. 21 52 31 90
www.adirasailingcentre.com.mt

Fahrradfahren

Das Fahrradfieber hat auch die maltesischen Inseln ergriffen, und vor allem am Wochenende sausen Rennradfahrer und Mountainbiker über die Hauptstraßen, die teilweise mit allerdings rechts schmalen Radwegen versehen sind, d.h., am Rand der Fahrbahn wurde mit weißer Farbe ein Streifen markiert. Gelegentlich weisen Schilder auch darauf hin. Dass der »Radweg« bisweilen unvermittelt endet, ist eine traurige Tatsache. Mountainbiker können sich viele Gegenden über Feldwege erschließen, sollten aber Hinweise auf Privatbesitz unbedingt respektieren.

Will man **Gozo** mit dem Rad erkunden, braucht man Kondition und muss sich auf schattenlose Strecken und ein beständiges, teils heftiges Auf und Ab einstellen. Mietfahrräder bekommt man in Maltas Haupturlaubsorten an der Küste;

On2Wheels Rentals

36 Rabat Road][Marsalforn][Tel./Fax 21 56 15 03][Mobil 99 42 16 21
www.on2wheelsgozo.com. Vermietet gute Mountainbikes auf Gozo.

Reiten

Es gibt mehrere Reiterhöfe, in denen man auf Pferd oder Pony an geführten Ausritten teilnehmen kann. Von Golden Bay etwa führen zweistündige Touren zu Popeye Village in der Anchor Bay.

■ **Golden Bay Horse Riding**

Ghajn Tuffieha Road][St. Paul's Bay
Tel. 21 57 33 60. Nahe der Golden Bay, gut ausgeschildert.

■ **Bidnija Horse Riding**

John Mary House][Triq il-Bidiewa
Bidnija][Tel. 21 41 40 10
Mobil 79 99 23 26
www.bidnijahorseriding.com

Wandern, Klettern, Abseilen

Wandern auf Malta und Gozo wird erst schön mit der richtigen Ausstattung: Wanderkarte, Wanderführer, feste knöchelhohe Wanderstiefel, Sonnenschutz und Proviant. Markierte Wanderwege

Special

Abtauchen in Poseidons Reich

Schnuppern mit Schnorchel und Flasche

Die Hydrologen bescheinigen Malta in punkto Sauberkeit des Wassers Spitzenqualität. Selbst im Winter kann uzdem ohne dicke Spezialanzüge getaucht werden.

Für Anfänger sind die **Schnupperkurse** der Tauchschulen ideal. Der nächste Schritt ist ein meist 5-tägiger Kurs aus Theorie und Praxis für das **PADI-Open Water Brevet.** Das erforderliche ärztliche Attest stellen Mediziner in den Tauchbasen aus.

Sicherheit und Professionalität garantieren auf Malta Unternehmen wie **Dive Systems** und **Maltaqua**, auf Gozo das **Calypso Diving Centre** sowie das **Utina Diving College**; letzteres bietet auch Kurse nach den Richtlinien der Handicapped Scuba Association. Eine Broschüre mit Adressen von Tauchschulen und einer Auflistung der besten Tauchplätze verschickt auch das **Fremdenverkehrsamt Malta** (› S. 139).

■ **Dive Systems**
Tower Road, unterhalb des St. Julian's Tower][Sliema][Tel. 21 31 91 23 u. 79 31 91 23
www.divesystemsmalta.com

■ **Maltaqua Ltd**
Mosta Road][St. Paul's Bay
Tel. 21 57 18 73, 21 57 25 58
www.maltaqua.com

■ **Mad Shark Diving**
(deutsche Leitung)
Hotel Ambassador][St. Paul's Bay

Tel./Fax 21 58 42 74
Mobil 99 24 18 72
www.madsharkmalta.com

- **Calypso Diving Centre**
Marsalforn Bay Seafront
Gozo][Tel. 21 56 17 57
Tel. 21 56 20 00 (Hotel Calypso)
www.calypsodivers.com

- **Utina Diving College Ltd**
(deutsche Leitung)
Rabat Road, Xlendi, Gozo
Tel. 21 55 05 14][Mobil 79 55 05 14
www.utina-diving.com

Buch-Tipp Ned Middleton, **Malta-Tauchführer**, 2002. In Deutsch nur antiquarisch, die englische Ausgabe **Diving Guide Malta** bekommt man auf Malta z.B. am Flughafen. Peter G. Lemon, **The Complete Diving Guide to Malta, Gozo and Comino**, 2007 (Englisch).

Weitere Infos und Bezugsquellen: www.scubadivingmalta.co.uk

Geschichtsmuseum unter Wasser

Spannende Taucherlebnisse versprechen die im Marsamxett Harbour, vor Wied iz-Zurrieq und im Grand Harbour liegenden Schiffswracks (Infos mit guter Übersicht: www.marinefoundation.org).

- **HMS Maori, Marsamxett Harbour** Bootstauchgang, bis max. 18 m; vorsichtiges Tauchen erforderlich, da aufgewirbelte Schwebstoffe schnell die Sicht beeinträchtigen.
- **M/t Um El-Farroud, Wied iz-Zurrieq** (ausgeschildert Blue Grotto), Tauchgang vom Hafen aus, bis max. 33 m; ca. 8 Min. Schwimmen von der Küste bis zum Wrack.
- **Tug Boat Rozi,** gebaut 1958, Lotsenboot im Grand Harbour, versenkt 1992 bei Cirkewwa; Tauchgang vom Hafen aus, bis max. 34 m.

Kamine und Höhlen

Diese beiden für den Archipel sehr typischen Formationen haben an der Westküste Gozos Vier-Sterne-Qualität. Ein Tauchgang am **Blue Hole** führt hinunter bis auf 26 m und durch einen engen, aber sicheren Kamin, an dessen Wänden orangefarbene Korallen und Schwämme aufleuchten. Ein ähnliches Farbenspiel begeistert an der **Xlendi Cave,** die den nördlichen Felsvorsprung der Bucht untertunnelt und sich zur Außenkante des Riffs öffnet.

- **Blue Hole,** Einstieg nahe Great Archway, Tauchgang 20–26 m.
- **Xlendi Cave** und **Reef,** Einstieg am Südrand der Bucht, die man wegen der Boote vorsichtig queren muss, max. Tauchtiefe am Riff 18 m.

Blue Grotto

Das eigentliche Ziel der Taucher ist bei Wied iz-Zurrieq die **Bell Tower Cave**, westlich der Blauen Grotte, die durch drei Öffnungen, die größte und tiefste auf 27 m, zu betauchen ist. Weniger geheimnisvoll gibt sich die Fischwelt an den Steilfelsen. Die Malteser nennen sie das »Aquarium«, denn dort – am schönsten bei Nacht – vollzieht sich ein schillerndes Defilee (› S. 106).

Wied iz-Zurrieq
Südküste, ausgeschildert Blue Grotto, Einstieg im kleinen Fischerhafen, Tauchtiefe bis ca. 28 m.

gibt es nicht, dafür unzählige kleine Pfade. Für Kletterer sind vor allem die Klippen an den Küsten das ganze Jahr hindurch sehr attraktiv. Nach Regengüssen trocknet der Fels dank Wind und vielleicht auch Sonne in der Regel innerhalb ein bis zwei Stunden. Das »Abseiling« wird als neue Abenteueraktivität verkauft, meintjedoch nichts anderes als am Seil gesichert abwärts klettern, allerdings ohne den mühsamen Aufstieg, dem sich die wahren Kletterer unterziehen.

!! Bei Wanderungen an regnerischen Tagen sollte man Wege an den Klippen meiden, da sie recht rutschig werden können.

■ **Ramblers' Association of Malta**

www.ramblersmalta.jointcomms.com. Regelmäßig geführte Naturwanderungen.

■ **Malta Rock Climbing**

Birkirkara][**Tel. 21 48 02 40**][**www.malta-rockclimbing.com.** Ganzjähriger Anbieter für diverse Kletterkurse und -ausflüge.

Englisch aktiv

Englisch als Landessprache und ein sonniges Eiland – Sprachkurse sind daher auf Malta entsprechend gefragt. Die Sprachschulen bieten rund ums Jahr umfassende Programme für Schüler, Geschäftsreisende und die Generation 50+. Die Unterbringung in Familien oder wahlweise im Hotel sowie die organisierten Ausflüge ermöglichen einen guten Einblick in das Leben jenseits der touristischen Fassade.

Informationen erhält man beim **Fremdenverkehrsamt Malta** › S. 139 oder bei Reiseveranstaltern, die sich auf Sprachreisen spezialisiert haben.

Unterkunft

Feriendörfer, Pensionen *(guesthouses)*, 5-Sterne-Hotels, Privatzimmer, Bauernhäuser, Jugendherbergen – Malta hat für jeden Geldbeutel die richtige Unterkunft. Die unzähligen Mittelklassehotels sind meist günstig über die Pauschalangebote großer Veranstalter zu buchen. Nur wenige Anlagen verfügen über einen direkten Strandzugang. Als Ersatz bieten sie große Pools mit Liegeflächen und Barservice.

Kostenlose Hotelverzeichnisse erhält man im **Fremdenverkehrsamt** › S. 139.

Hotels auf Malta

■ **Selmun Palace Hotel**
Selmun L/O Mellieha
Tel. 21 52 10 40
www.selmunpalacehotel.com
Tafeln in ehemaligem Ritterpalast (17. Jh.), Wohnen in modernen Zimmern, absolut ruhig auf einem Höhenzug über der St. Paul's Bay; Pool, kleine Sandbucht in der Nähe. ●●●

■ **Phoenicia Hotel Malta**
The Mall][Floriana, Valletta
Tel. 21 22 52 41
www.phoeniciamalta.com
Internationales Ambiente vor den Toren von Valletta, umgeben von einem herrlichen Park, beheizter Pool. Perfekter Service. ●●●

■ **Corinthia Marina Hotel St. George's Bay**
St. George's Bay][Tel. 21 37 41 14
www.corinthiahotels.com

■ **Marina Hotel at the Corinthia Beach Resort**
St. George's Bay
Tel. 21 38 17 19
www.marinahotel.com

Hotel Juliani in St. Julian's

Echt gut!

Wohnen mit Flair

■ **The Xara Palace**
(Relais & Chateaux)
Misrah il-Kunsill][Mdina
Tel. 21 45 05 60
www.xarapalace.com.mt
Das Ambiente besitzt den Charme eines alten Adelspalastes; herrlich ist der Blick aus der Vogelperspektive über halb Malta. Romantik und Luxus verschmelzen hier zu einem betörenden Cocktail. Mit Gourmetrestaurant. ●●●

■ **Valletta G-House**
North Street][Valletta
Tel. 00 44-7 81-3 98 88 27
www.vallettahouse.com
Hier besticht das Flair des im 16. Jh. gebauten Stadthauses; man residiert in einer geschmackvoll modern gestylten Wohnung und kocht selbst in einer voll ausgestatteten Küche mit schönen Steingewölben. ●●●

■ **Gozo Farmhouses**
3 Mgarr Road][Ghajnsielem][Gozo
Tel. 21 56 12 80 und 21 56 12 81
www.gozofarmhouses.com
Sorgsam restaurierte Bauernhäuser und Neubauten im traditionellen Stil in ländlicher Umgebung. Auf Komfort muss man nicht verzichten – dazu gehört u.a. auch der Pool. ●●–●●●

■ **Juliani**
12 St. George's Road][St. Julian's
Tel. 21 38 80 00
www.hoteljuliani.com
Kleines Boutiquehotel in restauriertem Stadthaus; extravagantes Interieur in nicht allzu großen Zimmern, die teilweise direkt auf die Spinola Bay blicken. Pool auf dem Dach; mit Café und zwei Restaurants. ●●

Zwei Hotels unter Corinthia-Management, das erste feudal mit Konferenzzentrum, das zweite jung im Design mit günstigen Pauschalen. Wassersportzentrum, sehr populäre Lokale auf den Terrassen. ●●–●●●

■ **Hilton Malta**
Portomaso][St. Julian's
Tel. 21 38 33 83
www.hilton.de/malta
Luxuriöses Großhotel am Wasser, nur wenige Minuten zur Spinola Bay und den Diskotheken von Paceville. Exzellente Restaurants wie das »Blue Elephant« (Thai-Küche). ●●–●●●

■ **Dolmen**
Qawra][St. Paul's Bay
Tel. 23 55 23 55
www.dolmen.com.mt
Großhotel mit Casino und Konferenzzentrum, Pools, Tauchschule, Tennis, Wassersport; im Garten prähistorische Überreste. ●●

■ **Osborne**
50 South Street][Valletta
Tel. 21 24 36 56/-7
www.osbornehotel.com
Mittelklassehotel mit Dachterrasse in ehemaligem Ritterpalast. Nah beim zentralen Busbahnhof gelegen. ●●

■ **Rafael Spinola**
Upper Ross Street][St. Julian's
Tel. 21 37 44 88
www.rafaelspinolamalta.com
Kleines, elegantes Stadthotel mit Dachterrasse und Pool, ruhig gelegen oberhalb der Promenade. ●●

Hotels auf Gozo und Comino

■ **Kempinski Hotel San Lawrenz**
Triq ir-Rokon
San Lawrenz][Gozo
Tel. 22 11 00 00
www.kempinski-gozo.com

Großes Luxushotel, ausgedehnte Pool und Gartenanlage. Das Spa verwöhnt mit Thalgo- und Thalasso-Anwendungen. ●●●

■ **Ta' Cenc**

Sannat][Gozo
Tel. 21 55 68 19/-30
www.vjborg.com
Abgeschiedenes Komforthotel auf Gozos höchsten Klippen, Privatstrand, Tauchschule, Tennis. ●●●

■ **Calypso**

Marsalforn Bay][Gozo
Tel. 21 56 20 00
www.hotelcalypsogozo.com
Nach der Renovierung wirkt das moderne Hotel (100 Zimmer) überaus freundlich. Vor allem ist man am Hafen mitten im Geschehen. Tauchschule im Haus. ●●

■ **Comino Hotel and Bungalows**

Insel Comino
Tel. 21 52 98 21
www.cominohotel.com
Surfen, Segeln, Tennis und die Tauchbasis machen das Hotel mit neuen Bungalows rund ums Jahr attraktiv. Nur Halbpension. ●●

■ **St. Patrick's Hotel**

Xlendi Bay][Gozo
Tel. 21 56 29 51
www.vjborg.com
Modernes mittelgroßes Hotel mit lässigem Ambiente, direkt an der Xlendi Bay, einige Zimmer mit Blick aufs Wasser. ●–●●

■ **Triton Guest House**

Marsalforn
Gozo
Tel. 21 55 61 52
Fax 21 56 18 53
Familienhotel mit 19 Zimmern, viel jüngeres Publikum. ●

Eine Liste aller **Farmhouse**-Anbieter auf Gozo findet man unter: www.gozo.com (Button »Towns and Villages« anklicken).

Luxus pur: das Kempinski Hotel San Lawrenz auf Gozo

F37

Land & Leute

Steckbrief][Geschichte im Überblick][Natur und Umwelt][Die Menschen][Kunst und Kultur][Feste und Veranstaltungen][Essen und Trinken

Steckbrief

Malta

Landesvorwahl: 0 03 56
Währung: Euro
Zeitzone: MEZ mit Sommerzeit von Ende März bis Ende Oktober

Amtssprachen: Englisch und Maltesisch (Malti)
Hauptstadt: Valletta
Staatsform: Republik
Fläche: 316 km² (Malta 246 km², Gozo 67 km², Comino 2,6 km²)
Einwohner: knapp über 400 000, Gozo ca. 33 000
Bevölkerungsdichte: Mit ca. 1280 Menschen pro km² ist Malta das am dichtesten bevölkerte Land Europas.

Lage

Der maltesische Archipel liegt 95 km südlich von Sizilien und 290 km von Tunesien entfernt, auf 36° nördlicher Breite und 14,5° östlicher Länge. Er stellt den Rest einer ehemaligen Landbrücke zwischen den Kontinenten Europa und Afrika dar. Malta ist nur 27 km lang und 14 km breit, die Küstenlänge beträgt 136 km. Gozo, nur 6 km entfernt, misst 14 km in der Länge und an der breitesten Stelle 7 km, die Küstenlänge 43 km.

Politik und Verwaltung

Malta ist ein seit 1964 vom Vereinigten Königreich unabhängiger Inselstaat. Blockfreiheit hieß das Gebot der Stunde, als die Maltesischen Inseln 1974 die Republik proklamierten. Der junge Staat verpflichtete sich zu strikter Neutralität – bis 1979 zahlten Großbritannien und die NATO Abgaben für die Nutzung als Stützpunkt. Die sozialistische Malta Labour Party *(Partit Laburista, MLP)* mit Ministerpräsident Dom Mintoff an der Spitze vermochte die Neutralität in wirtschaftliche Vorteile umzumünzen. Ein Abkommen mit Libyen sicherte dem energiebedürftigen Staat Öllieferungen erheblich unter dem Weltmarktpreis; die Chinesen halfen beim Bau des

Trockendocks im Grand Harbour, und die USA mit Saudi-Arabien stifteten eine Meerwasseraufbereitungsanlage. Kohle zur Gewinnung von Strom lieferte Polen, medizinisches Know-how kam aus der damaligen Tschechoslowakei.

1987 wurde die Arbeiterpartei von der Nationalpartei *(Partit Nazzjonalista, PN)* abgelöst, die auch die Parlamentswahlen 2003 und 2008 gewann. Außenpolitisches Hauptanliegen der konservativen Regierung war der EU-Beitritt 2004, dazu wurde 2005 die EU-Verfassung ratifiziert. 2008 wurde der Euro eingeführt.

Im politischen Alltag meldet sich die *Alternattiva Demokratika (AD)*, Maltas Partei der Grünen, beständig zu Wort, der Einzug ins Parlament ist ihr allerdings noch nicht gelungen.

Malta besitzt ein Einkammerparlament: ein Repräsentantenhaus mit 65 Abgeordneten. Innenpolitisch bilden die sog. Local Counties, die Bezirksräte, eine zweite politisch-administrative Ebene unterhalb des Staatsparlaments und der Ministerialbürokratie.

Ein aktuell dringliches Problem für Malta wie für die gesamte EU ist die illegale Zuwanderung von Staatsangehörigen zentralafrikanischer Staaten. Viele der aufgegriffenen *boat people* werden umgehend in ihre Heimat zurückgeschickt, einige Hundert aber warten in Lagern auf eine Entscheidung über die Anerkennung ihres Asylstatus.

Wirtschaft

Eine sich selbst tragende wirtschaftliche Infrastruktur entwickelte sich erst nach der Unabhängigkeit 1964. London lieferte noch zehn Jahre lang kräftige Finanzspritzen zum Aufbau von (Werft-)Industrie und Tourismus. Diese Sektoren wurden zu tragenden Säulen; da der Inselstaat keine natürlichen Ressourcen besitzt, bleibt die Wirtschaft importabhängig mit einem großen Loch in der Handelsbilanz. Zollfreie Umschlaghäfen, steuerliche Vergünstigungen und niedriges Lohnniveau sollen ausländisches Kapital anlocken. Maltas Banken haben nicht mit der internationalen Finanzkrise zu kämpfen, da sie kaum in riskante US-Papiere investiert hatten. So benötigen sie keine Unterstützung vom Staat,

Das angestrebte Wachstum stößt jedoch schon jetzt an natürliche Grenzen. Die Bevölkerung wächst, immer mehr Rückwanderer zieht es in die Heimat. Und der Tourismus nimmt weiter zu; die Besucherzahlen sind seit dem EU-Beitritt leicht gestiegen, weiterhin positive Ergebnisse sind zu erwarten (2007 kamen über 1,24 Mio. Besucher). Die Bevölkerungsdichte beträgt mehr als das Dreifache Deutschlands; das Wachstum droht das kleine Land aufzufressen, immer mehr Gebiete werden zugebaut. Der Staat muss Versorgung und Entsorgung finanzieren, in einem Land ohne Energie, das jeden Liter Süßwasser aus Meerwasserdestillation teuer bezahlen muss.

Geschichte im Überblick

6. Jt. v. Chr. In der Jungsteinzeit wandern die ersten Siedler vermutlich aus Sizilien auf dem Seeweg nach Malta und Gozo ein.
3600–2400 v. Chr. Kupferzeit. Tempelbauten der Megalithkultur.
2300–850 v. Chr. Bronzezeit. Dolmenanlagen entstehen, ferner die rätselhaften Cart Ruts (› S. 102)
850 v. Chr. Phönizische Besiedlung. Das Seevolk aus dem östlichen Mittelmeerraum nutzt den »sicheren Hafen« (*malet* = Zuflucht) als Handelsstützpunkt.
600 v. Chr. Karthago, ursprünglich eine phönizische Kolonie, übernimmt die Maltesischen Inseln und kontrolliert die Schifffahrt im westlichen Mittelmeer.
218 v. Chr. Im Zweiten Punischen Krieg zwischen Karthago und Rom werden Malta (»Melita«) und Gozo (»Gaulus«) Teil des römischen Imperiums.
60 n. Chr. Nach dem Bericht des Apostels Lukas erleidet der hl. Paulus auf dem Weg nach Rom vor Malta Schiffbruch (St. Paul's Islands), hält sich drei Monate auf den Inseln auf und bekehrt die Bevölkerung zum Christentum.
395 Römische Reichsteilung. Die Maltesischen Inseln gehören zum Westreich, zusammen mit Sizilien.
476 Zusammenbruch des Weströmischen Reichs. Goten und Vandalen erobern im 5./6. Jh. die Inseln.
535 Der oströmische Kaiser Justinian (527–565) lässt Sizilien und die Maltesischen Inseln durch seinen Feldherrn Belisar für das byzantinische Reich erobern.
870 Arabische Eroberung. Übernahme der arabischen Sprache und des Islam.
1090/1127 Erst nach der zweiten Invasion der Normannen ist die Macht der Araber auf Malta gebrochen. Vereinigung mit Sizilien unter den normannischen Königen.
1194 Nach dem Aussterben der normannischen Könige übernehmen die deutschen Staufer die Herrschaft, 1220 wird Friedrich II. Kaiser.
1263 Der Papst belehnt die französischen Grafen von Anjou mit Sizilien und Malta, welche die Staufer vertreiben.
1282 Sizilianische Vesper: Sizilien schüttelt die Fremdherrschaft ab und unterstellt sich dem rechtmäßigen Thronerben Peter von Aragón.
1282–1530 Spanische Adlige herrschen in Sizilien und über den maltesischen Archipel.
1453 Die türkischen Osmanen erobern Konstantinopel und besiegeln damit das Ende des Byzantinischen Reichs.
1479 Durch die Verbindung des Hauses Aragón mit Kastilien werden die Inseln Teil des aufstrebenden spanischen Weltreichs.

1524 bietet Karl V. dem von den Osmanen aus Rhodos vertriebenen Johanniterorden die Maltesischen Inseln als neues Territorium an.
1530 Der Johanniterorden übernimmt Malta und Gozo; die erste Niederlassung wird Birgu (Vittoriosa).
1551 In osmanischen Diensten stehende Korsaren von der nordafrikanischen Küste überfallen Gozo und versklaven fast die gesamte Bevölkerung. Dieses Ereignis beschleunigt die Befestigungsarbeiten der Ritter.
1565 »The Great Siege« (Die große Belagerung). Die türkische Flotte belagert den neuen Sitz der Ordensritter über drei Monate hin vergeblich.
1566 Baubeginn von Valletta, der Stadt vom Reißbrett. Malta wird zum Bollwerk des Christentums gegen die islamischen Reiche ausgebaut. Die Stadt ist im 17. Jh. die stärkste Festung Europas.
1574 Gründung der Sacra Infermeria. Das Hospital des Malteser Ritterordens erlangt durch seine vorbildliche Krankenbehandlung Weltruhm.
1683 Die Türken werden 1683 vor Wien zurückgeschlagen, in Malta beginnt eine Konsolidierungsphase.
18. Jh. Ende der türkischen Bedrohung; rege Bautätigkeit im Stil des Barock.
1789 Französische Revolution. Durch die damit verbundenen Enteignung der Ordensbesitzungen bleiben die Gelder für die Malteser-Ritter aus.
1798 Napoleon nimmt den maltesischen Archipel kampflos ein.
1800 Erhebung gegen die Franzosen; die Malteser rufen die englische Flotte unter Admiral Nelson zu Hilfe.
1813–1964 Die Maltesischen Inseln gehören als Kolonien zum Vereinigten Königreich Großbritannien, sind Handelshafen und Hauptflottenstützpunkt der britischen Marine.
1870 Bau der Victoria Lines, des Verteidigungswalls entlang der *Great Fault*, einer Geländestufe quer durch Malta.
1921 Nach den »Sette-Giugno«-Unruhen, die sich 1919 wegen Preissteigerungen ereignen, gewährt Großbritannien Malta die partielle Selbstverwaltung.
1934 Maltesisch wird zweite Amtssprache neben Englisch.
1939–1943 Im Zweiten Weltkrieg ist Malta Ziel der schwersten Luftangriffe in Südeuropa. Die

Der Großmeisterpalast – heute Tagungsort des Parlaments

Insel erlebt eine furchtbare Hungersnot. Für die heroische Verteidigung verleiht der britische König Malta das »George Cross«, das seither die Nationalflagge schmückt.
1964 Unabhängigkeit Maltas innerhalb des British Commonwealth.
1974 Proklamation der Republik.
1979 Am 31. März verlässt der letzte britische Soldat Malta.
1987 Die Nationalpartei übernimmt nach den Parlamentswahlen erstmals die Macht von der Arbeiterpartei.
1998 Nach dem erneuten Wahlsieg der Nationalisten verhandelt Malta wieder um den Beitritt zur EU.
2004 EU-Beitritt Maltas am 1. Mai.
2006 Eröffnung des neuen Kreuzfahrtschiffterminals in Valletta.
2008 Einführung des Euro als Landeswährung. Nach 2003 wiederum Wahlsieg der Nationalisten.

Natur und Umwelt

Die Hauptinsel Malta, ein steiniges Karstland ohne Flüsse, in dem nur wenige Süßwasserquellen sprudeln, wird von der *Great Fault* durchzogen. Diese Geländestufe trennt den hügeligen Südosten vom flacheren Nordwesten. Felsrücken *(ridges)* gliedern den tiefer gelegenen Teil Maltas in etliche Täler; hier ermöglichen leichter zugängliche Grundwasservorräte eine florierende Landwirtschaft mit Obst- und Gemüseanbau, die jedoch den Eigenbedarf der Inseln nicht decken kann.

Grün nur im Winter – Maltas Flora

Die natürliche Vegetation ist spärlich; jahrhundertelanger Raubbau hat die Inseln völlig entwaldet. Allein die Briten ließen im 19. Jh. etwa 80 000 Olivenbäume fällen, um Platz für den damals lukrativen Baumwollanbau zu schaffen. Der bisher einzigartigen Privatinitiative von Sam Cremona ist die Rekultivierung und Neuanlage von Ölbaumpflanzungen zu verdanken. Die Projekte »Foresta 2000« (von **BirdLife Malta** und **Din l-Art Helwa**) und »Tree for You«, kurz »34U«, des Umweltministeriums (MEPA) zielen auf Schutzmaßnahmen und die öko-

logisch dringend erforderliche Aufforstung ab. Allein durch »34U« werden bis 2009 jedes Jahr u.a. durch Sponsoren mehrere tausend Bäume gepflanzt. Doch auch herbe Rückschläge mussten die Initiativen schon einstecken, als etwa in einem Foresta-2000-Gebiet oberhalb der Mellieha Bay im Mai 2007 in einer Nacht 3000 Setzlinge von Vandalen vernichtet wurden. Auch vor tätlichen Angriffen auf Persönlichkeiten der Naturschutzorganisationen und Brandstiftung machten deren Gegner nicht halt. Die trotz allem positive Tendenz wurde 2007 durch die Eröffnung des ersten **Nationalparks, Il-Majjistral** (› S. 125) bestätigt.

Die Trockenheit und die schüttere Vegetation sind der Grund dafür, dass auf den Inseln in erster Linie Kleintiere wie Kaninchen und Vögel leben – der legendäre Malteserfalke ist längst ausgerottet. Millionen Zugvögel machen zweimal im Jahr auf ihren Flügen zwischen Mitteleuropa und Afrika Station. Dann schwärmen die Hobbyjäger aus. Das Fangen und Abschießen der Vögel war schon im Vorfeld des EU-Beitritts ein Politikum (› Exkurs unten).

Vogelschutz – Vogelmord

Neben der winzigen Insel **Filfla** im Süden wies die Regierung bereits 1978 die 6 ha große Seensenke **Il-Ghadira** als Vogelschutzgebiet aus. Ein weiteres, kleineres folgte bei Xemxija. Maltas Vogelschützer, organisiert bei **BirdLife Malta** (www.birdlifemalta.org), sind bis heute die kleinste Minderheit auf dem Archipel, wo die Vogeljagd noch als Volkssport gilt, wenngleich sie von einer Mehrheit der Bevölkerung verurteilt wird.

Jedes Jahr im Frühjahr und Herbst rasten Zugvögel auf dem Weg von oder zu ihren Winterquartieren in Afrika auf Malta. Für die Insulaner waren sie einst willkommene Beutetiere, welche die Kochtöpfe füllten. Auf diese Tradition berufen sich auch die rund 12 000 registrierten Jäger und Fallensteller.

Die Zahlen sind erschreckend: Schätzungen zufolge sterben jährlich an die 250 000 Singvögel, zudem Tausende Reiher sowie Bussarde und Turteltauben auf den Inseln. Am meisten verbittert die Ornithologen, dass ganze Populationen geschützter Arten hier an einem einzigen Tag ausgerottet werden.

Bereits 1994 traten Schutzgesetze in Kraft, der EU-Beitritt 2004 brachte das Verbot der Frühlingsjagd mit sich. Ab Januar 2009 ist auch das *trapping* (Fallenstellen) für 10 Finkenarten verboten. Doch der Vogelfang mit Netzen hat zunächst kein Ende, da die Regierung eine Ausnahmeregelung für Turteltauben, Wachteln, Singdrosseln und Goldregenpfeifer erließ. Die Vogelschützer laufen in Brüssel Sturm, denn auch nach Kommentaren von EU-Offiziellen verstößt Malta gegen die *Bird Directive.* Das neue Verbot der Jagd auf Greifvögel nach 15 Uhr, und zwar während der Hauptdurchzugsperiode zwischen Mitte und Ende September, kontrolliert BirdLife Malta durch die Organisation von Freiwilligen-Camps in den meistfrequentierten Jagdzonen.

Die Menschen

96% der Malteser sind strenggläubige Katholiken

Sicher ist, dass die heutigen Malteser auf keinen Fall die Nachfahren der prähistorischen Tempelbauer sind, denn aus bislang unbekannten Gründen waren die Inseln etliche Jahrhunderte unbewohnt. Auch von der Bevölkerung der Antike, zunächst karthagisch-punischen, dann römischen Kolonisten, finden sich nach der großen Umbruchzeit des frühen Mittelalters keine weiteren Spuren. Goten und Vandalen fegten nur kurz über die Inseln hinweg.

Erst mit den Arabern, die Malta endgültig aus dem byzantinischen Reichsverband lösten, kam eine neue Bevölkerung auf die Inseln. Das Mittelmeer erlebte während der normannischen »Reconquista« wiederum größere Bevölkerungsverschiebungen: Christianisierte Araber aus Sizilien wurden nach Malta umgesiedelt, muslimische Malteser in die Berge Süditaliens.

Als die Insel Festungskolonie war, blieben die Malteser weitgehend unter sich, doch kamen danach wiederholt größere Einwanderungsgruppen als Söldner, Arbeitskräfte oder Sklaven auf den Archipel; die Briten stationierten gar ein indisches Regiment auf Malta. Ob Griechen, Italiener, Spanier oder Türken die Ahnen waren, lässt sich heute höchstens noch aus den Familiennamen schließen.

Die Malteser bekennen sich zu 96 % zur römisch-katholischen Kirche und sind sehr gläubig – obwohl auch hier die Jugend eher den Hard-Rock-Göttern huldigt. Ehescheidung und Schwangerschaftsabbruch sind nicht erlaubt; da folgt Malta den päpstlichen Direktiven.

Kiffinti – Wie geht's? Die maltesische Sprache

Malti ist ein altarabischer Dialekt, der sich unter den wechselnden Landesherren – spanischen Aragonesen, französisch sprechenden Johanniterrittern und britischen Kolonialherren – mit Lehnwörtern aus vielen Sprachen anreicherte. Sie machen etwa 20 % des Wortschatzes aus. Geschrieben wird Malti in lateinischen Buchstaben; die erste Transkription schuf Mikiel Anton Vassalli (1764–1829), der als der Vater der maltesischen Literatur gilt. Seit der Unabhängigkeit 1964 ist Malti erste Amtssprache, Englisch die zweite.

Kunst und Kultur

Vorgeschichte und Antike

Sehenswürdigkeiten ersten Ranges stellen die Tempel der steinzeitlichen **Megalithkultur** auf Malta und Gozo dar. Diese Anlagen entstanden im 4. Jahrtausend v. Chr. noch vor den ägyptischen Pyramiden und sind die weltweit ältesten erhaltenen Monumente ihrer Art. Die hohe Kulturstufe dieser Epoche, die um 2500 v. Chr. jäh abbricht, dokumentieren die Exponate in den Museen von Valletta (Malta) › S. 59 und Victoria (Gozo) › S. 132.

Aus der **Bronzezeit** (ab ca. 2000 v. Chr.) stammen die rätselhaften Steinrillen (Cart Ruts) nahe den Dingli Cliffs › S. 103. Manche Wissenschaftler halten sie – da meist Steinbrüche in der Nähe nachzuweisen sind – für Spuren von Schleifkarren, die mit Steinkufen versehen waren, andere interpretieren sie recht plausibel als weitläufiges Regenwasser-Sammelsystem.

Die Megalithkultur

Der Begriff Megalithkultur (griechisch: *megas* = groß, *lithos* = Stein) wurde erst 1849 geprägt und wird auf die Steinmonumente des westlichen Europa angewandt. Die Megalithkultur, die im gesamten westlichen Europa und im zentralen Mittelmeerraum Verbreitung fand, erlebte gegen 4000 v. Chr. im Gebiet der heutigen Bretagne ihre Blütezeit.

Dennoch ist die Rolle der Maltesischen Inseln innerhalb der westeuropäischen Megalithkultur einzigartig. Das **Hypogäum von Hal Saflieni** (› S. 110) ist weltweit die einzige bekannte unterirdische Kultstätte dieser Kultur, überdies wurden bislang mehr als 30 Tempelanlagen, die von ca. 4100–2500 v. Chr. in Gebrauch waren, auf den winzigen Inseln entdeckt.

Chronologie der Megalithkultur auf Malta und Gozo

Epoche	Sehenswürdigkeit
Frühes Neolithikum 5200–4100 v. Chr.	Ghar Dalam
Mittleres Neolithikum I 4100–3600 v. Chr.	Keramik, Steinäxte
Mittleres Neolithikum II 3600–3000 v. Chr.	Mnajdra, Ggantija
Spätes Neolithikum 3000–2500 v. Chr.	Tarxien, Hagar Qim, Hypogäum

Um 2500 v. Chr. endete die Megalithkultur sehr abrupt. Entweder wanderte ein anderes Volk ein, das die Kultur der Tempel auslöschte, oder Seuchen und Umweltkatastrophen zerstörten den Lebensraum der Tempelbauer auf Malta und Gozo.

Zu Beginn des 1. Jahrtausends. v. Chr. erkannten die **Phönizier** die strategische Bedeutung des Archipels. Sie nutzten seine sicheren Häfen, hinterließen aber fast nur Grabbeigaben. Die zweisprachige Inschrift einer Grabstele (griechisch/phönizisch) aus Malta erlaubte im 18. Jh. die Entschlüsselung des phönizischen Alphabets. Die Einwohner der phönizischen Kolonie Karthago, von den Römern Punier genannt, übernahmen den Archipel um 650 v. Chr. und errichteten einen Astarte-Tempel bei Marsaxlokk.

Die nächsten Herren waren die **Römer** (ab 218 v. Chr.). Vom Wohlstand der Epoche zeugen die Villa von Rabat (› S. 98) ebenso wie die römischen Bäder bei Ghajn Tuffieha (› S. 125). In der Zeit der Römer entstanden die unterirdischen Grabanlagen mit Altartischen und Fresken sowie das ausgedehnte Labyrinth der Katakomben von Rabat (› S. 100).

Die **Araber** (870–1090) teilten die Römerstadt und bauten Mdina zur Festung aus. Die normannische Eroberung (1090) verband bis zur Ankunft der Johanniterritter 1530 die Geschicke des Archipels mit denen Siziliens; im Baustil der sizilianischen Normannen blieben auch zahlreiche Kleinkirchen erhalten.

Architektur und Malerei seit der Ordenszeit (1530–1798)

Unter den Johannitern entstand ein Stil der Sachlichkeit mit sparsam eingesetztem Baudekor. Die von Gerolamo Cassar (um 1520–1592) in der ab 1566 gebauten Stadt Valletta errichteten Gebäude zeigen dieses reduzierte Dekor. Im 17. Jh. schien die Bedrohung durch die Türken überstanden; das kam auch der Kunst zugute. Mit dem Bau der Kirche St. Marija in Attard (1610) schuf der Architekt Tommaso Dingli (1591 bis 1666) ein Renaissance-Schmuckstück; Lorenzo Gafà (1630–1704) etablierte die imposante Doppelturmfassade (Zejtun, › S. 115), die typisch für maltesische Kirchenbauten wurde.

Kirche Ta Grazzia in Zabbar

Als Höhepunkt des maltesischen Barock gilt die Pfarrkirche von Zabbar (› S. 112), deren Fassade im Jahr 1737 Bonavia errichtete; etwa zur gleichen Zeit entwarf Domenico Cachia (um 1700–1790) St. Helen in Birkirkara, was ihm den Auftrag für die verspielte Auberge de Castille in Valletta (› S. 57) einbrachte – das

18. Jh. brachte einen barocken Überschwang auf die Inseln, der einen Höhepunkt in der **Pfarrkirche von Gharb (Gozo)** mit ihrer Schmetterlingsfassade findet (› S. 136).

cht gut!

Neben der Baukunst erblühte im 17. Jh. die Malerei; der Kurzaufenthalt des Italieners Michelangelo da Caravaggio (1573–1610) prägte die lokale Malweise; seine »Enthauptung Johannes des Täufers« (› S. 62) mit starken Hell-Dunkel-Kontrasten beeinflusste Mattia Preti (1613–1699), der die Kathedrale in Valletta ausmalte (› S. 60).

Das Manoel Theatre in Valletta

Von den Engländern (ab 1800) bis heute

Eine Art weltlichen Inselstil hinterließen die letzten Herren des Archipels; ihre Bauten aus dem honigfarbenen lokalen Kalkstein zeigen bevorzugt klassizistisches Dekor, das bei den Privathäusern manche individuelle und kreative Lösung hervorbrachte, wie es sich am Villino Priuli in der Balluta Bay oder an der Villa Rosa in St. George's Bay zeigt.

Den Respekt vor dem Inselstil ließen leider die Bauherren der letzten 50 Jahre mitunter vermissen, schmucke alte Bauten mussten gesichtslosen Betonkästen weichen Dass es auch anders ginge, zeigt sich am geglückten Bau des Hilton-Hotels über dem neuen Jachthafen Portomaso von St. Julian's.

Jenseits der Architektur im öffentlichen Raum und ihren traditionellen sowie postmodernen Stilvarianten ist Maltas Kultur importorientiert: Die großen Events finden mit internationalen Künstlern statt, die klassische Musik mit dem aus Attard stammenden Tenor **Joseph Calleja** (geb. 1978) einmal ausgenommen. Sein Aufstieg führte u.a. über den Chor des **Manoel Theatre** in Valletta, der schönsten Bühne des Inselstaats. In kleinerem Rahmen bietet Gozos Astra Theatre Highlights hinsichtlich Schauspiel und Musik.

Seit seiner Gründung im Jahr 1995 hat das Trio **Beangrowers** (Bohnenzüchter) mit Indie-Pop europaweit Resonanz gefunden. Jazzfreunde pilgern zur Bridge Bar in Valletta (› S. 70) und haben das Jazzfestival im Juli fest im Kalender.

Feste und Veranstaltungen

Festkalender

26. Dezember–Mitte Januar: **Christmastime Pantomime** im Manoel Theatre, Valletta.

10. Februar: **Feast of St. Paul's Shipwreck** (Feiertag). Zur Erinnerung an den Schiffbruch des hl. Paulus; Feuerwerk in Valletta.

Februar/März: **Carnival Week** mit Veranstaltungen, meist Umzügen, in diversen Orten. Das gozitanische Nadur und Valletta sind die Hochburgen des **Karnevals** *(Carnival)*, des farbenprächtigsten Volksfestes. Er beginnt in Valletta mit der traditionellen *Parata*, einem Schwerttanz, der die Große Belagerung von 1565 symbolisiert. Am Palace Square finden Tanzwettbewerbe in historischen Kostümen statt; die Hotels veranstalten Maskenbälle.

An historischen Gedenktagen schlüpfen die Malteser in Kostüme vergangener Jahrhunderte

Außerdem findet in dieser Zeit der **Malta Marathon** statt.

19. März: **St. Joseph** (Feiertag).

31. März: **Freedom Day** (Nationalfeiertag). Nachmittags Regatta im Grand Harbour.

Karwoche/Ostern: Am **Karfreitag** trägt man lebensgroße Statuen durch die Straßen, teilweise werden auch Szenen der Passionsgeschichte nachgespielt. Am **Ostersonntag** feiern viele Gemeinden Christi Auferstehung in Prozessionen; eindrucksvoll sind die Veranstaltungen in Cospicua und Vittoriosa (Three Cities).

Ende April: Verschiedene Orte: **Malta Fireworks Festival,** 2 Tage Feuerwerksdarbietungen, teils mit Musik.

1. Mai: **Feast of St. Joseph the Worker** (Feiertag). Tag der Arbeit.

Juni–September: **Festa Season** zu Ehren der Schutzheiligen oder Patrone (› Special S. 46). Besonders aufwendige Festas: Lija 6. August; Mellieha 8. September; Mosta 15. August; Naxxar und Senglea 8. September; Victoria (Gozo) 15. August.

7. Juni: **Sette Giugno** (Feiertag). Der »Brotaufstand« am 7. Juni 1919 gegen die britische Preispolitik forderte mehrere Todesopfer; Gedenkzeremonie auf dem Palace Square in Valletta.

23./24. Juni: **St. John's Bonfires,** Feuerwerk zum Patronatsfest der St. John's Co-Cathedral in Vallet-

Farbenprächtige Festa in Ghaxaq im Osten Maltas

ta nach der alten Tradition des Ordens.

29. Juni: Mnarja – Feast of St. Peter and Paul (› S. 103).

Juli: Malta International Jazz Festival, Open Air-Veranstaltung in Valletta, Waterfront-Terminal.

Juli und August: Hochsaison für **Segelregatten,** organisiert vom Royal Malta Yacht Club und vom Viking Sailing Club.

15. August: Mariä Himmelfahrt (Feiertag).

Ende August: Epoka Festival, Valletta, Waterfront. »Malta im Mittelalter«, dargeboten in Ausstellungen und Musikevents.

September: Trabrennsaison in Marsa (36 Wo.).

8. September: Our Lady of Victories (Feiertag), nachmittags mehrstündige Regatta im Grand Harbour. Am Vorabend Jum-il-Birgu-Fest in Vittoriosa.

21. September: Independence Day (Nationalfeiertag).

Anfang Oktober: Malta Historic Cities Festival. Zwei Festwochen mit historischen Darbietungen in Valletta, den Three Cities, Molina und Victoria (Gozo).

Beginn der **Theatersaison** in Valletta und in Victoria auf Gozo.

Mitte November: The Malta International Choir Festival in Valletta.

8. Dezember: Unbefleckte Empfängnis (Feiertag).

13. Dezember: Republic Day (Nationaler Feiertag) mit traditionellem Pferderennen in Marsa.

25. Dezember: Christmas Day (Feiertag). Morgens Prozessionen mit dem Jesuskind; Mitternachtsmesse.

Echt gut!

Ein laufend **aktualisierter Kalender aller Festa-Termine** ist erhältlich beim **Fremdenverkehrsamt Malta** (› S. 139) oder im Internet unter: www.urlaubmalta.com.

Special

Feuerwerk und Festa

Prozessionen und Messen, Musikkapellen und Rummel – heiter ist die Atmosphäre, wenn Malta Anfang Mai, zum Fest für St. Publius in Floriana, seine bis Ende September dauernde Festa-Saison mit Feuerwerken und Böllerdonner anstimmt.

Höhepunkte im Festa-Kalender

Erstes August-Wochenende: Festa in Lija.
15. August (Feiertag): Festa in Mosta, Mqabba, Qrendi, Attard und Victoria (Gozo).
Erstes Wochenende im September: Festa in Zurrieq.
8. September (Nationalfeiertag): Festa in Mellieha, Naxxar, Senglea und Xaghra (Gozo).

Zauberlichter

Schon am Mittwoch beginnen die Festlichkeiten zu Ehren des Patrons einer Gemeinde oder des/der Schutzheiligen einer Kirche, was bedeutet, dass man bei mehreren Fürsprechern auch mehrmals feiern kann. Stets gilt es dabei vor allem, die Nachbargemeinden in der Pracht des Festes zu übertreffen: Die Kirchenwände werden mit roten Damasttüchern behängt, die Kandelaber geputzt, die Silberleuchter poliert. Schlichte Straßen verwandeln sich mit imposanten Heiligenstatuen, Fahnenschmuck und Lichterdekorationen in prachtvolle Promenaden. Aus der Ferne nehmen sich die Orte aus wie Jachthäfen, in denen Lichterketten zu den Mastspitzen der Schiffe gespannt sind. Aus der Höhe der Bergstadt **Mdina** überblickt man weite Gebiete Maltas und die zu den Festas bei Nacht erleuchteten Orte, über denen am Wochenende die bunten Feuerwerkssterne aufsteigen.

Die Musik der Bandas sorgt für ausgelassene Stimmung

Tage der offenen Türen

Ein erster Höhepunkt kündigt sich mit den morgendlichen Böllerschüssen am Festa-Samstag an. Musikkapellen marschieren durch die Straßen, wo Stühle vor die nun überall offenen Haustüren gerückt sind – man zeigt damit Gastfreundschaft und dass man es zu etwas gebracht hat.

Heilige im Papierschnitzelregen

Am Festa-Sonntag zieht die Prozession nach dem Abendgottesdienst erneut die Menge an, vor allem Freunde und Verwandte der Familien im Ort. Sogar die Jugend tritt nicht in Schlabberjeans auf, sondern im Edeloutfit.

Zur eigenen *Banda*, der Musikkapelle, haben die örtlichen Festorganisatoren Verstärkung aus bekannten Kapellen eingekauft, um kräftig zu tönen, wenn die schweren Heiligenstatuen durch die erleuchteten Straßen getragen werden. Aus den Häusern regnet es Konfetti und Reißwolfpapier auf die geistlichen und weltlichen Würdenträger im Zug – und natürlich auf die Heiligen, bis sich bei der Rückkehr zum Kirchplatz lauter Applaus in das Pfeifen und Krachen der Feuerwerksraketen mischt.

Erst nach Mitternacht gehen die Leute nach Hause, schließen sich langsam wieder die Haustüren und die Rollos der Imbisskarren. Die Musiker stehen noch lange beim Bier zusammen, nur wenig Zeit bleibt ihnen, um Luft zu holen bis zur nächsten Festa.

Qubbajt – die Festa-Spezialität

Zwischen den Imbiss-Buden mit Würstchen, Sandwiches und inzwischen auch in Malta populärem Döner hat die Tradition mit **Qubbajt** (oder auch Qubbait) ihren Platz behauptet. Die Nougatpaste arabischer Herkunft gehört zu il-Festa wie das mitternächtliche Feuerwerk. Die Stände offerieren den Passanten zum Kosten immer kleine Stückchen des festen weißen oder des zähen braunen Nougat Qubbajt.

Essen und Trinken

Die maltesische Küche gehört zu den mediterranen Küchen. Mit Olivenöl werden Gemüse, Fisch und Fleisch zubereitet; frische Kräuter, Kapern und Oliven setzen die Akzente. Nach Jahrzehnten starker britischer Einflussnahme bekennen sich Maltas Köche heute wieder zur heimischen Tradition, auch wenn Kurzgebratenes mit den stereotypen Beilagen *chips and salad* (Pommes frites und Salat) in zahlreichen Imbisslokalen weiterhin den Ton angibt.

Den Einfluss Italiens verrät die breit gefächerte Palette der Pasta-Gerichte, bei der Pizza allerdings schwingt bisweilen britisches Erbe mit, wenn sich auf der *Quattro Stagioni* grüne Erbsen und Scheiben von gekochtem Ei zu Thunfisch und Tomate gesellen. Bei der Zubereitung von Hülsenfrüchten und Süßigkeiten folgt man den semitisch-arabischen Wurzeln. Maltas berühmte Spezialität ist das Kaninchenmenü **Fenkata** › S. 49.

!! Die **Restaurants** auf den maltesischen Inseln servieren meist mittags zwischen 12.30 und 14.30 Uhr (letzte Bestellung), abends von 19 oder 20 Uhr bis etwa 21.30 oder 22 Uhr. Geöffnet bleiben sie länger. In Valletta haben einige Lokale nur mittags bzw. nur wochentags geöffnet, da ihre Gäste vorwiegend Geschäftsleute sind.

Echt gut! Inselweit sind Restaurants, auch in Hotels, an Wochenenden (ab Freitag) gut besucht und die **Sunday Lunches** (häufig Büfetts) zum Festpreis das beliebte Event für die Familien. Daher empfiehlt es sich, für Sonntagmittag frühzeitig zu reservieren!

Aus der Speisekarte

- **Aljotta** – bei diesem Wort riecht man förmlich den Knoblauch, an dem in dieser Fischsuppe nicht gespart wird.
- **Bigilla** – weiße Bohnen werden mit Butter, Salz, Pfeffer, Knoblauch und Petersilie zu einer feinen Paste zerdrückt. Bigilla ist ein köstlicher Brotaufstrich, z.B. als Vorspeise.
- **Bragioli** – Rindfleischrouladen mit einer pikanten Füllung aus Speck, Ei, Oliven und Kräutern.

Honig seit der Antike

Der wilde Thymian macht es: Schon in der Antike war der maltesische Honig bekannt und geschätzt. Vielleicht wurde die Insel sogar nach dem Honig (lat. *mel*) »Melita« genannt – es kann aber auch eine Verballhornung des phönizischen Wortes *m(a)let*, das mit Zuflucht zu übersetzen ist, gewesen sein. Den fein duftenden Honig erhält man in gut sortierten Supermärkten, auf Wochenmärkten sowie in den fantastisch kunterbunten Lebensmittellädchen der Dörfer.

- **Bzar ahdar mimli** – ein pikantes Gericht aus grünen Paprikaschoten, die mit Kräutern wie gehackter Petersilie und Minze, mit Kapern, Oliven, Semmelbröseln und Ei gefüllt sind.
- **Cartoccio** – ganzer Fisch oder Filet, mit Knoblauch, Zwiebeln, Tomaten, Kapern, Zitrone und einem Schuss Weißwein in Folie gedünstet.
- **Fenkata** – Kaninchenmenü. Als Vorspeise werden Spaghetti mit Kaninchensoße gereicht; als Hauptgericht kommt Kaninchen in Rotweinsoße mit feinen Gemüsen auf den Tisch.
- **Kapunata** – Tomaten, Paprika, Auberginen und Knoblauch, zusammen gebraten, sind Beilage und Vorspeise.
- **Kawlata** – Gemüsesuppe mit maltesischer Räucherwurst.
- **Lampuki** – Maltas beliebtester Fisch, nur September/Oktober erhältlich, wird mit Zwiebeln, Knoblauch, Tomaten und Kapern gedünstet oder im Teigmantel gebacken.
- **Qarnita stuffat (Octopus Stew)** – Tintenfischragout, mit Oliven, Zwiebeln, Nüssen, Rosinen und Erbsen in einer Weißweinsoße gedünstet.
- **Ravjul (Ravioli)** – Teigtaschen mit einer Füllung aus Ricotta (Frischkäse) und Petersilie, dazu Tomatensoße.
- **Ross fil-forn** – eine Reispfanne mit Hackfleisch, Eiern, Tomaten und Safran, die man früher beim Bäcker um die Ecke in den Ofen stellte.
- **Soppa tal-armla** – »Witwensuppe« aus weißen und grünen Gemüsesorten, serviert mit einem pochierten Ei und frischem Ziegenkäse *(gbejna)*.
- **Timpana** – Makkaroni-Auflauf mit Rindfleisch, Schweineleber, Schinken, Eiern, Parmesan und Tomaten.

… und als Abschluss:
Gbejna – frischer oder gereifter Käse aus Ziegen- oder Schafsmilch, der oft mit schwarzem Pfeffer bestreut wird.

Fangfrische Auswahl aus dem Meer

... für den kleinen Hunger:
Verführerisch ist das große Angebot an süßen oder pikanten Kleinigkeiten:

- **Almond slice** – eine würzige Mandelschnitte.
- **Figolla** – Marzipangebäck in vielen Formen (u.a. Fisch, Taube, Lamm), nur an Ostern.
- **Hobz biz-zejt** – heißt »Brot mit Öl«; das ist die Grundlage, zu der Tomaten, Kapern, Oliven, Blattsalat und Thunfisch oder Sardellen kommen.
- **Kannoli** – knusprige Röhrchen wie dicke Zigarren, mit Schafsmilch-Ricotta und kandierten Früchten gefüllt.
- Echt gut! **Mqaret** – süße Teigtasche mit Dattelfüllung.
- **Pastizzi** – Blätterteigteilchen mit diversen Füllungen, ganz oben auf der Beliebtheitsskala rangieren Ricotta und *piselli* (Erbsenpüree).
- **Qubbajt** – Nougatpaste arabischer Herkunft (› S. 47).
- **Siniza** – köstlich süßes Quarkgebäck.

Kapern aus Malta

Kapern sind die Blütenknospen des eher unscheinbaren Wildstrauches *Capparis spinosa*. Auf Malta werden die Kapern im April geerntet, noch bevor die Blüte sich öffnet. Roh sind sie allerdings ungenießbar.

Viele einheimische Hausfrauen ernten und konservieren die Kapern selbst, die dann mitunter auch, in einfachen großen Gläsern abgepackt, in Läden verkauft werden, auf jeden Fall aber auf Märkten. Beliebt als Zutaten in Salaten sowie Soßen, werden die Kapern auch zu *gbejna* (Ziegenkäse) gereicht.

Verdala, Marsovin, Kinnie – die Getränke

Echt gut! Als echte maltesische Spezialität darf **das bittersüße, erfrischende Limonadengetränk Kinnie** aus Orangen, Wasser und Wermutkräutern gelten. Auch *Shandy*, eine fertige Mischung aus Bier und Zitronenlimonade, ist ein bewährter Durstlöscher. Bier wird auf Malta in erster Linie nach britischem Geschmack gebraut. Von der Farsons-Brauerei kommt das *Hop Leaf*, eine Art Stout, das *Cisk Lager*, das ein wenig dem kontinentalen Export ähnelt, sowie das *Blue Label*, ein dunkleres Bier, das entfernt Ähnlichkeit mit dem rheinischen Altbier hat.

Was auf Malta und Gozo aus Trauben gekeltert wird, braucht keinen Vergleich zu scheuen. Die Weine sind gehaltvoll und entwickeln ihren eigenen Charakter. Mit Cabernet Sauvignon, Chardonnay, Merlot und Syrah reagierten Maltas Winzer auf mitteleuropäische Vorlieben. Abgesehen von der Kellerei Meridiana produzieren jetzt auch andere Erzeuger vermehrt Weine aus der Lese genau definierter Lagen (auf insges. 950 ha), was der Insel zu einer neuen önologischen Identität verhalf. Der Archipel erhielt nach italienischem Vorbild sogar eine eigene Herkunftsbezeichnung: DOC/DOK (*Denominazzjoni ta' Origini Kontrollata*). Großunternehmen verarbeiten dennoch weiterhin importierte Trauben, was auf den Flaschen vermerkt ist (*Produced from grapes harvested in …*). Ein genaues Studium des Etiketts oder die Nachfrage im Lokal nach einem *locally grown wine* ist daher empfehlenswert, will man echte maltesische Tropfen genießen.

Echt gut! **Rein maltesische Trauben** verarbeitet die Kellerei **Meridiana** bei Ta'Qali; 90-minütige Führungen mit Weinprobe, Anmeldung erwünscht; Tel. 21 41 35 50 oder unter www.meridiana.com.mt.

Romantisch speisen mit Panorama-Blick

Echt gut!

- **The Carriage,** Valletta: »Fine dining« hoch über den Dächern von Valletta mit Blick auf den Marsamxett-Harbour. › S. 70
- **Peppino's,** St. Julian's: Beste italienisch-maltesische Küche; Paradeblick auf Spinola Bay. › S. 83
- **Exiles,** St. Julian's Tower, Sliema: Schlicht und relaxt auf einer Betonterrasse am Meer, in der Ferne die Skyline von St. Julian's. › S. 24
- **Fontanella Tea Gardens,** Mdina: Herrliche Aussicht von den Plätzen auf der Stadtmauer; ideal für den Mittagsimbiss oder nachmittags. › S. 97
- **Palazzo Santa Rosa,** Mistra Bay. Claude Camillieri komponiert Gerichte der maltesisch-mediterranen Küche im ruhigen, harmonische Ambiente eines alten Steinhauses. Von der schattigen Terrasse geht der Blick über die Bay. **Tel. 21 58 27 37,** Mo geschl. ●●●
- **Tatitas,** San Lawrenz, Gozo: Feine maltesische Küche, mit Blick auf einen stillen Dorfplatz, wenn im Sommer die Stühle auf die kleine Terrasse gerückt werden. › S. 137

MFB 597

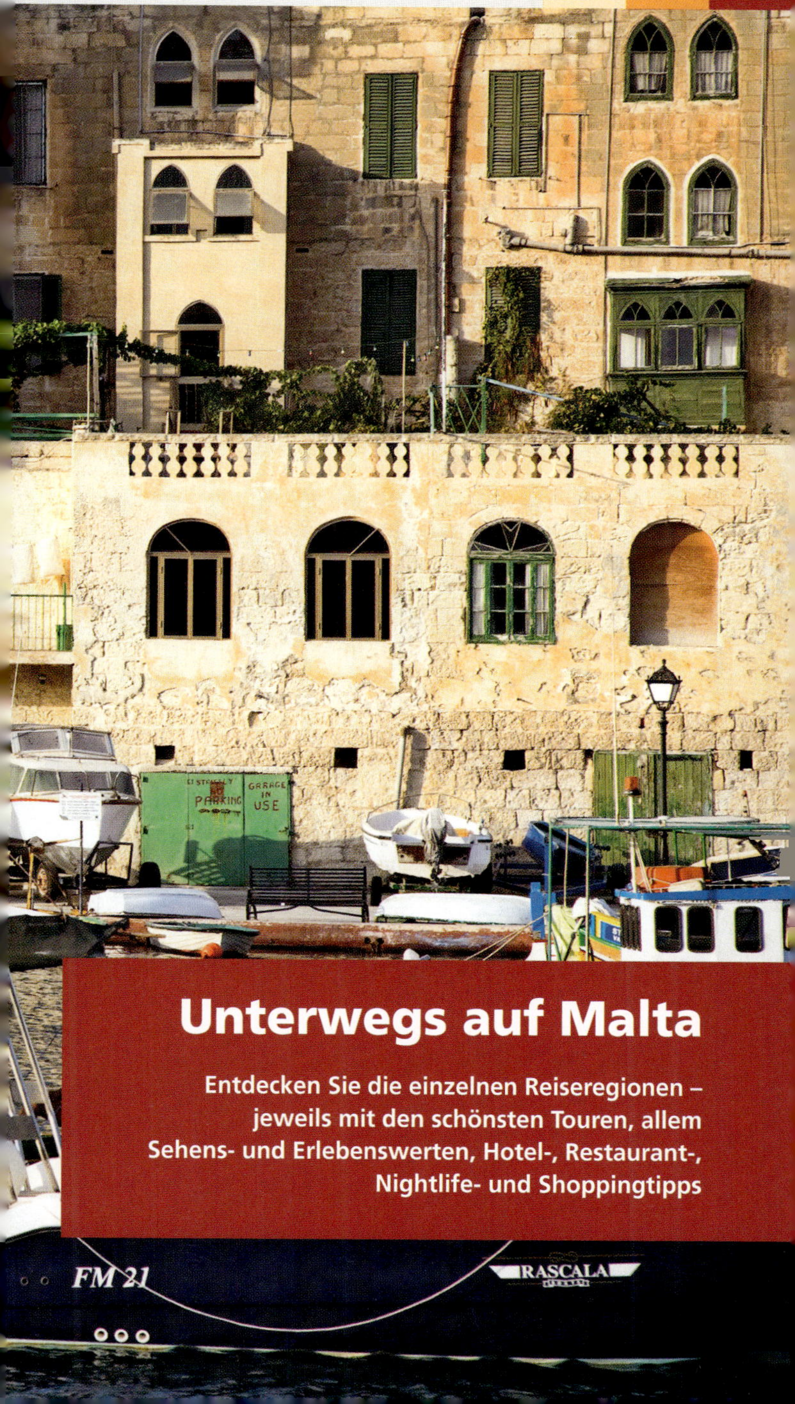

Unterwegs auf Malta

Entdecken Sie die einzelnen Reiseregionen – jeweils mit den schönsten Touren, allem Sehens- und Erlebenswerten, Hotel-, Restaurant-, Nightlife- und Shoppingtipps

**Valletta

Nicht verpassen!

- Den Blick von den Upper Barracca Gardens auf Grand Harbour und die Three Cities genießen
- Die feinen Steinarbeiten der Rittergrabmäler im Fußboden der St. John's Co-Cathedral betrachten
- Sich auf dem Republic Square Zeit für eine Pause nehmen
- Am Sonntagmorgen den Flohmarkt rund um den Tritonen-Brunnen besuchen
- Durch die Hafenbuchten schaukeln auf der Grand-Harbour-Schiffstour
- Abends an der Valletta Waterfront bummeln
- Durch die Gassen von Vittoriosa schlendern

Karte Seite 60

Zur Orientierung

Valletta liegt auf einer Landzunge, die von den beiden Buchten des Grand Habour und des Marsamxett Harbour umschlossen wird.

Geschmack und Herkunft der Ordensgroßmeister im 17. und 18. Jh. haben das Gesicht der Stadt geprägt. Die vielfältigen Facetten dieser Festungsstadt spiegeln unterschiedlichste Einflüsse wider, das Gesamtbild strahlt jedoch eine heitere Vornehmheit aus: Die gewaltigen Bastionen sind historische Reminiszenzen geworden, auf denen man heute spazieren geht und die Aussicht auf Europas schönsten Naturhafen genießt. Valletta ist Geschäfts- und Einkaufszentrum sowie Regierungssitz; die Docks der Häfen sind – abgesehen vom Tourismus – Maltas größter Arbeitgeber. Nach Geschäfts- und Büroschluss wird die Stadt erstaunlich ruhig. In den letzten 50 Jahren ist die Bevölkerungszahl um zwei Drittel geschrumpft, heute leben hier noch ca. 65 000 Menschen. Längst sind die Schäden des Zweiten Weltkriegs beseitigt, aber um die Bausubstanz ist es stellenweise schlecht bestellt. Die Sanierung macht jedoch gewaltige Fortschritte, und die Stadt versucht erfolgreich, ihren musealen Charakter mit neuer Vitalität und trendigen Lokalen aufzufrischen, u.a. am 2006 eröffneten Kreuzfahrtschiffterminal im Grand Harbour.

Verkehrsmittel

■ **Busse:**
Vom zentralen Terminal am Tritonen-Brunnen verkehren Busse in alle Orte Maltas. Über die Routen und Linien informiert das Büro neben dem Rothman's-Imbissstand.

■ **Schiffsverbindung:**
Valletta–Sliema, ab Marsamxett Street nach Sliema/The Strand und zurück, Mo–Sa 8–18, So 8–15.30 Uhr halbstündlich.

Dhajsa-Shuttle in die Three Cities zwischen Valletta Waterfront und Vittoriosa.

■ **Autoverkehr:**
Parken sollte man in Floriana, denn innerhalb der Stadt ist es nicht einfach, einen Parkplatz zu finden.

Weiße **CTCabs** (city cabs) für drei Passagiere zirkulieren innerhalb der Stadt. Sie kosten nur 1 € pro Fahrt. Tel. 21 33 33 21 und Tel. 79 33 33 21.

Wichtige Adressen

■ **Malta Tourist Authority**
(Touristeninformation)
1, City Arcades, City Gate
Tel. 21 23 77 47
www.visitmalta.com
Mo–Sa 9–17.30 Uhr, So und gesetzl. Fei 9–13 Uhr, geschl. 25.12, 1.1., Karfreitag, Ostersonn-

tag. Hilfe bei Hotelbuchungen, Infomaterial, zu Verkehrsmitteln, Sehenswürdigkeiten, Restaurants, Hotels. Mit manchen der Infokarten im Scheckkartenformat *(Minicards)* gibt es Vergünstigungen.

■ **Malta International Airport**
(Toursteninformation)
Ankunftshalle, Luqa
Tel. 23 69 60 73/-4
Mo–So, auch Fei 10–21 Uhr

■ **Din l-Art Helwa**
(Malta National Trust)
133, Melita Street
Tel. 21 22 03 58 oder 21 22 59 52
www.dinlarthelwa.org
Ticketbüro Mo–Fr 9–12 Uhr.
Die nichtstaatliche Denkmalschutzorganisation betreut eine Reihe von Sehenswürdigkeiten und organisiert interessante Veranstaltungen.

Unterwegs in Valletta

Stadtrundgang

– 4 – City Gate › Republic Street › **St. John's Co-Cathedral › **Großmeisterpalast › *Manoel Theatre › *Fort St. Elmo › *Sacra Infermeria › Merchants Street › Castille Place

Dauer: 1 Tag
Praktische Hinweise: Nur zu Fuß lernt man Valletta kennen, wochentags im Treiben der Einkaufenden auf der Republic Street, von der man beiderseits Abstecher zu schönen Museen und anderen Sehenswürdigkeiten unternehmen sollte. Viele schließen gegen 16/16.30 Uhr, die State Rooms im Großmeisterpalast sind donnerstags nicht zugänglich, St. John's Co-Cathedral ist am Wochenende nur eingeschränkt zu besichtigen, dafür Fort St. Elmo geöffnet. Ein Bummel gegen Abend zeigt die Stadt in Stille, wobei an den Ausgehtagen Freitag und Samstag die Lokale am besten besucht sind.

Vom City Gate zu den Upper Barracca Gardens

Buden und Stände locken beim **Busterminal 1** vor dem Stadttor mit **frischem Brot, Pastizzi, Qassatat** und anderen herzhaften sowie süßen Leckereien. Außerdem warten dort einige **Karrozzin** für eine Stadttour in der Kutsche. Echt gut

Über den **Great Ditch,** den großen Graben, der die Stadt einst schützte, betritt man durch das **City Gate** aus dem Jahr 1968 den **Freedom Square,** den Arkaden mit unterschiedlichsten Geschäften umgeben. An der Ruine des ehemaligen Royal Opera House erhitzen sich seit Jahren die

Gemüter in der Diskussion über Pro und Kontra eines Wiederaufbaus. Eventmanager haben sie mittlerweile als Kulisse für Open-Air-Veranstaltungen entdeckt.

Über dem Grundstein, mit dem 1566 der Bau der neuen Hauptstadt begann, erhebt sich die Kirche **Our Lady of Victories 2**. Gegenüber liegt das Gotteshaus der italienischen »Zunge« (Nation; › Exkurs S. 69) des Johanniterordens, **St. Catherine of Italy 3** (Messe So 11 Uhr).

Den **Castille Place**, den höchsten Punkt Vallettas, beherrschen die Bastion **St. James Cavalier 4** sowie die ehemalige **Auberge de Castille et Leon 5**. Der Sitz der kastilischen Ritter von 1744 ist heute Amtssitz des Premierministers. Dekor mit kriegerischen Symbolen betont die Portalzone. Manoel Pinto de Fonseca, der am längsten amtierende Ordensgroßmeister (1741–1773), ließ das Gebäude 1744 errichten. In St. James Cavalier besteht eine Filiale der Post, die Briefmarkenfreunde sicher interessiert. In den mächtigen Gewölben sind ein attraktives **Kulturzentrum** (www.sjcav.org), dessen Programm auch Orte außerhalb von Valletta einschließt, sowie ein Café-Restaurant entstanden.

Von der Aussichtsterrasse der Parkanlage **Upper Barracca Gardens 6**, früher ein Exerzierplatz, besticht der **der prächtige Ausblick über den Grand Harbour** auf die Three Cities sowie die Bastionen. Täglich signalisiert der Böllerschlag des **Noon-day gun firing:** Es ist 12 Uhr. (Park geöffnet im Winter 7–21 Uhr, im Sommer 7–23 Uhr; Eingang links neben der postmodern umgebauten Börse).

Echt gut!

An der meerwärtigen Seite des Castille Place beginnt mit einer Treppe die fotogene Straßenschlucht der **St. Ursula Street.** Noch vor der Treppe gelangt man rechts zum **Café Les Baronnes** mit Hafenblick von der Terrasse.

Stadtgeschichte

Valletta wurde nach der erfolgreichen Abwehr der Türkenbelagerung im Jahr 1565 erbaut; dem damaligen Ordensgroßmeister Jean Parisot de la Valette (1557–1568) verdankt es seinen Namen. Der Papst schickte seinen Baumeister Francesco Laparelli da Cortona (1521–1570), Michelangelos rechte Hand beim Bau des Petersdoms in Rom, nach Malta. Auf der unbewohnten Halbinsel Sceberras sollte er eine Stadt planen – lediglich die Spitze der Landzunge trug schon das Fort St. Elmo. Laparelli entwickelte den Plan eines gitterförmigen Straßennetzes, auf dessen Grundlage Valletta entstand. Nach Rom zurückgerufen, übergab er die weitere Umsetzung seinem maltesischen Stellvertreter, Gerolamo Cassar (1520–1586). Dieser hinterließ ein imposantes architektonisches Erbe: den Großmeisterpalast, sieben Auberges, die Ordenskirche und Entwürfe für weitere Kirchenbauten.

Die Republic Street im Lichterglanz

Unterhalb der Upper Barracca Gardens liegen in einer Bastion die **Lascaris War Rooms** **7**. Von der G. Cassar Street geht es in Tunnels hinunter zur Leitstelle der britischen Mittelmeerflotte aus dem Zweiten Weltkrieg (derzeit geschl.; aktuelle Infos im Touristboard, Tel. 21 23 77 47).

National Museum of Fine Arts 8

Den Weg vom Freedom Square zum Museum könnte man mit einem Abstecher in die **Ordnance Street** zur Bastion **St. John's Cavalier** verbinden, wo die Botschaft des Malteser Ordens residiert und das **In-Restaurant Fusion Four** (●●) auf eine lauschige Terrasse einlädt. Von den **Hastings Garden** bietet sich das Panorama des **Marsamxett Harbour** (› S. 72). Ein paar Schritte sind es nur zur **Old Mint Street,** einer der typischen Straßenschluchten.

An der Kreuzung South Street/ Old Mint Street präsentiert in einem Stadtpalast von 1733 das **National Museum of Fine Arts** Kunst der letzten fünf Jahrhunderte (www.heritagemalta.org/ finearts.html, tgl. 9–17 Uhr, letzter Einlass 16.30 Uhr). Das Obergeschoss füllt italienische Malerei des 14. bis 17. Jh., darunter Gemälde des Künstlers Mattia Preti (1613–1699). Äußerst beeindruckend sind die expressiven Skulpturen und Bronzen des Malteser Bildhauers Antonio Sciortino (1879–1947). Das Museum besitzt auch ein Aquarell des Grand Harbour von William Turner.

Die vorbildliche Krankenpflege im Ordenshospital Sacra Infermeria (› S. 68) dokumentieren Gebrauchsgegenstände im Kellergeschoss.

Cafés

South Street ist eine Straße der **alten, schlichten Cafés,** wie **Prego** oder **Caffè Merisi** (Nr. 11), in denen die Malteser morgens vor dem Büro einen Blick in die Zeitung werfen oder mittags einen Imbiss nehmen. Die meisten dieser Cafés schließen um 19 oder 20 Uhr, Sa gegen 15 Uhr und So ganztägig.

Echt gut

Entlang der Republic Street

Republic Street ist Vallettas Flaniermeile und Geschäftszentrum vom City Gate bis zum Großmeisterpalast. Danach fällt sie zu Fort

Karte Seite 60

St. Elmo relativ steil ab, auch die Geschäfte sind in jenem Abschnitt weniger reizvoll.

Gleich im ersten Block nach ist **St. Francis Church** **9** (17. Jh.) mit ihrem überladen ausgeschmückten Innenraum und einem Gemälde von Mattia Preti ein Beispiel für das künstlerische Engagement des Ordensgroßmeisters Gregorio Carafa, dessen Wappen die Fassade schmückt.

Cafés

Vor dem Besuch des Archäologischen Nationalmuseums laden z.B. das **Café Jubilee** in der **St. Lucia Street** oder der **Coffee Garden by Oasis** in der **Republic Street** zu Erfrischungen und Köstlichkeiten aus der maltesischen Backstube ein.

Echt gut!

Shopping

Den Wunsch nach Literatur über Malta erfüllt die **Buchhandlung Sapienza's** (**26 Republic Street**).

**Archäologisches Nationalmuseum 10

Das Museum ist in der ehemaligen **Auberge de Provence** (Kolleg der Ritter aus der Provence) untergebracht. Der Palast wurde 1571–1575 von Gerolamo Cassar errichtet, die Renaissancefassade entstand im 17. Jh. Das Museum zeigt Maltas wichtigste Funde aus Steinzeit, punischer und römischer Epoche, dazu griechische und etruskische Importe sowie Modelle der megalithischen Tempel. Darüber hinaus werden die arabische und die byzantinische Epoche dokumentiert.

Besonders interessant sind die monumentalen Steinplatten mit Spiralmotiven aus den prähistorischen Tempelanlagen der Inseln. Beeindruckend auch die Terrakotten und Statuetten sowie prähistorischen Tierdarstellungen auf Steinplatten. Sehenswert sind die steinzeitlichen Kleinplastiken, u.a. die ****Schlafende Frau aus dem Hypogäum von Hal Saflieni** (› S. 110), eine Priesterinnen-Darstellung.

Echt gut!

Die Epoche der Karthager (Punier), die vom 6. Jh. v. Chr. bis weit in die römische Zeit auf den Inseln siedelten, ist durch Grabfunde, u.a. ein Sarkophag mit einem Skelett in Hockstellung (5. Jh. v. Chr.), vertreten. (www.heritagemalta.org/archaeologymuseum.html, tgl. 9–17 Uhr, letzter Einlass 16.30 Uhr).

Info

Im Museum sind Eintrittskarten für das **Hypogäum von Hal Saflieni** (› S. 110) im Vorverkauf erhältlich.

Leider verschwinden die alten Kioske in Valletta immer mehr

2 **St. John's Co-Cathedral 11

Von der Republic Street zweigt **St. John Street** ab und verbreitert sich zum Vorplatz der Ordensritterkirche, heute St. John's Co-Cathedral. Sie ist das Hauptwerk des maltesischen Architekten Gerolamo Cassar, erbaut 1573 bis 1577. Johannes dem Täufer geweiht, war die Kirche zunächst Betstätte der Ordensritter. 1816 wurde St. John's zur Schwesterkathedrale (Co-Cathedral) neben Mdina erhoben.

Prächtige Granitpilaster tragen die Jochbögen des Tonnengewölbes in dem von warmen Goldtönen beherrschten Innenraum – an Boden, Wand und Decke ist jeder Zentimeter für dekorative Zwecke genutzt. Erst im 17. und 18. Jh. wurde die Ausschmückung abgeschlossen. Nach alter Tradi-

– 4 – Stadtrundgang

1 Busterminal
2 Kirche Our Lady of Victories
3 Kirche St. Catherine of Italy
4 Bastion St. James Cavalier
5 Auberge de Castille et Leon
6 Upper Barracca Gardens
7 Lascaris War Rooms
8 National Museum of Fine Arts
9 St. Francis Church
10 Archäologisches Nationalmuseum
11 St. John's Co-Cathedral
12 National Library of Malta
13 Großmeisterpalast
14 Casa Rocca Piccola
15 Palazzo Verdelin
16 Manoel Theatre
17 Kirche Our Lady of Mount Carmel
18 Anglikanische Kathedrale St. Paul's
19 Auberge d'Aragón
20 Fort St. Elmo
21 War Museum
22 Sacra Infermeria
23 The Malta Experience
24 Siege Bell Memorial
25 Lower Barracca Gardens
26 Kirche Il-Gesù
27 Markthalle
28 Kirche St. Paul's Shipwreck
29 Castellania
30 Palazzo Parisi
31 Auberge d'Italie

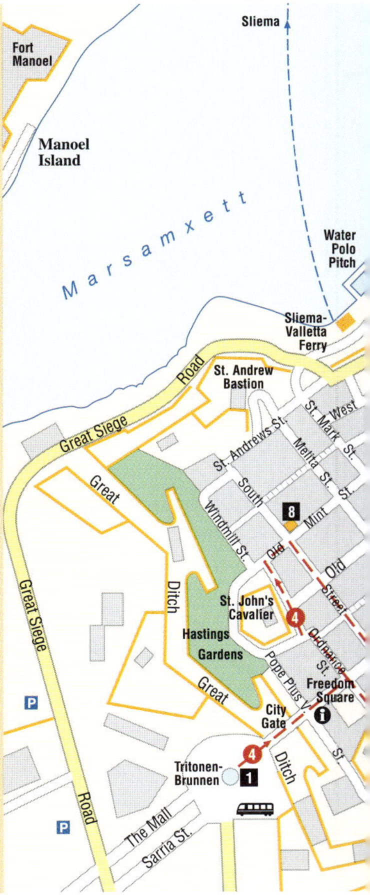

Karte Seite 60

tion fanden die Ordensritter ihre letzte Ruhe im ***Boden** der Kathedrale, den 400 Grabplatten bedecken – ein **grandioser, vielfarbiger Marmorteppich.**

Die **Seitenschiffe** sind in Kapellen für die acht »Zungen« des Ordens aufgelöst. Die vierte Kapelle im rechten Seitenschiff erhielt zwei üppige Grabmäler: Ein Schwarzer und ein Maure tragen als Atlanten den Sarkophag des Großmeisters Nicolas Cotoner (2. Hälfte 17. Jh.); gegenüber weist das Grab des Großmeisters Ramón Perellos y Roccaful (1697 bis 1720) kriegerische Symbole auf. In der fünften Kapelle rechts entschieden sich die Künstler für Spiralsäulen als Ornament.

Die **Sakramentskapelle** wurde 1798 von den Plünderungen der Soldaten Napoleons verschont, da pfiffige Malteser das wertvolle Sil-

bergitter, das sie abschließt, mit einem schwarzen Anstrich versehen und so vor dem Einschmelzen gerettet hatten.

Die erste Kapelle links bildet den Durchgang zur Sakristei, daneben liegt die bescheidene Deutsche Kapelle mit einer schönen Grabplatte des Barons von Guttenberg (1647–1733).

In der sechsten Kapelle führt eine Treppe zur **Krypta** mit den Sarkophagen der ersten zwölf Großmeister auf Malta, darunter der von Jean Parisot de la Valette (1557–1568), der des Ordens neue Heimat während der Türkenbelagerung von 1565 verteidigte und den Bau der nach ihm benannten neuen Hauptstadt in Angriff nahm. Auch der Erbauer der Ordenskathedrale, der französische Großmeister Jean L'Evêque de la Cassière (1572–1581), fand in der Krypta seine letzte Ruhestätte.

Im **Mittelschiff** trifft der Blick nach oben auf die ***Gemälde** im Tonnengewölbe. Sie gelten als Hauptwerk des in Kalabrien geborenen Mattia Preti (1613–1699), der von 1661 bis zu seinem Tod auf Malta lebte, und stellen Szenen aus dem Leben Johannes' des Täufers dar. Ihre technische Ausführung verlangte hohes Können, denn der maltesische Kalkstein, aus dem das Gewölbe besteht, härtet nach dem Schnitt im Steinbruch durch die Verbindung mit der Luft aus. Erst eine Leinölgrundierung erlaubte es Mattia Preti, die Steinfläche zu bemalen.

In der ersten Kapelle auf der rechten Seite befindet sich der Eingang zum **Kathedralmuseum**. Hier hängen 14 flämische Meistergobelins, angefertigt nach Entwürfen von Peter Paul Rubens und Nicolas Poussin. Im Juni, dem Festmonat des Kirchenpatrons, schmücken sie die Kathedrale.

Info

Eingang zur Kathedrale und zum Museum in der Republic Street, nahe der Ecke zur St. John Street, http://stjohnscocathedral.com, Mo–Fr 9.30–16.30, Sa 9.30–12.30 Uhr, letzter Einlass jeweils 30 Min. vor Schließung, So, Fei geschl.

! Besucher sind gehalten, die Kirche in angemessener Kleidung zu betreten: keine Shorts, keine Tops mit Spaghettiträgern, keine Stilettos.

Ein Meisterwerk

Das **Oratorium** der Kathedrale birgt ein Meisterwerk der italienischen Malerei: ****Die Enthauptung Johannes des Täufers** von Michelangelo da Caravaggio (1573–1610), der sich im Jahr 1608, auf der Flucht vor Verfolgern, kurze Zeit auf Malta aufhielt. Caravaggios neuartige Ästhetik, die die Heilsgeschichte mit einer respektlos profanisierenden Wirklichkeitssicht paart, stieß bei seinen Zeitgenossen teils auf grenzenlose Bewunderung, teils auf Ablehnung.

Karte Seite 60

Glanzvoll: die Palace Armory (Waffenkammer) im Großmeisterpalast

Zum Republic Square

Die Republic Street öffnet sich auf den Great Siege Square mit der tempelähnlichen Fassade der Law Courts, des Gerichtshofes. Zur Erfrischungspause lädt dann der **Republic Square** mit seinen Cafés ein, eine kleine Oase im Sommer.

Café

cht gut!

Klassischer Treffpunkt der Einheimischen ist das elegante **Caffè Cordina.** Fresken von Giuseppe Calí, Maltas angesehenstem Maler der Kolonialzeit, schmücken die Wände im Innern.

Den Republic Square beherrscht die Fassade der **National Library of Malta** 12. Der klassizistische Palast von 1796 beherbergt das Archiv des Johanniterordens seit dem 12. Jh. sowie 300 000 Bände und 10 000 wertvolle Handschriften aus dem 12.–19. Jh.

Im Gebäudekomplex von Bibliothek und Café Premier führt die Audiovisions-Show **The Great Siege & the Knights of Saint John** in 14 Sprachen sehr lebendig durch die Geschichte des Ritterordens (www.greatsiege.com.mt, tgl. ab 10 Uhr, letzter Einlass 16 Uhr); Dauer des Rundgangs etwa 45 Min.)

**Großmeisterpalast 13

Der heutige Sitz des maltesischen Parlaments war einst Großmeisterpalast *(Grand Master's Palace,* 1571 begonnen von Gerolamo Cassar. Die großen, grünen Balkone um den ersten Stock zählen zu den charakteristischen Merkmalen der maltesischen Baukunst (› S. 67). Am Palace Square harmoniert die Palastfassade mit der eingeschossigen **Alten Hauptwache** *(Old Main Guard)* gegenüber.

In den Karozzin geht man mit 1 PS auf Stadtrundfahrt

In zwei großen Gewölbesälen im Erdgeschoss des Palastes vermittelt die überreich bestückte **Palace Armoury** (Waffenkammer) einen Eindruck von der gewichtigen Ausstattung, mit der die Fußsoldaten und die Noblen zu Pferd sich abplagen mussten. Aus der Ritterzeit stammen Kanonen, Gewehre, Hellebarden, Lanzen, Schilde, Fahnen sowie eine Kutsche. Prunkstücke sind die maßgefertigten Rüstungen der Großmeister (www.heritagemalta.org/palacearmoury.html, tgl. 9–17 Uhr, Einlass bis 16.30 Uhr, an Tagen mit Parlamentssitzungen kürzer).

Die ***Prunkräume** (*State Rooms*) der Großmeister liegen im ersten Stock, zugänglich von einem prachtvollen Umgang mit in den Fußboden eingearbeiteten Wappen (tgl. außer Do 10–16 Uhr, letzter Einlass 15.30 Uhr, kurzfristige Änderungen möglich).

!! Die State Rooms sind infolge von Sitzungen oder Empfängen zeitweise nicht zugänglich, die Innenhöfe für Besucher gesperrt; Auskünfte: Tel. 21 22 12 21.

Die **Tapestry Chamber** wurde nach einer Sammlung französischer Gobelins (1700) benannt, die fantastische Tier- und Jagdszenen aus den tropischen Gegenden der Neuen Welt zum Thema haben. Unterhalb der bemalten Kassettendecke schmückt ein gemalter Fries mit Szenen aus den Seeschlachten des Ordens die Wände. Im **Dining Room**, nach der Zerstörung im Zweiten Weltkrieg neu gestaltet, ist von der ursprünglichen Speisesaaleinrichtung nur die lange, hölzerne Tafel übrig.

Karte Seite 60

Dem **Great Council Room** (Großer Ratssaal), auch **Yellow State Room** (Gelber Prunksaal) genannt, gab ein Wandbehang aus gelbem Brokat den Namen. Spiralsäulen markieren den erhöhten Platz des Großmeisters. Die gegenüberliegende Stirnseite ziert ein vergoldeter Balkon, aus dem Holz jener Galeere gefertigt, die die Ritter nach der Vertreibung von Rhodos in Sicherheit gebracht hatte. Die Bildfelder der Brüstung zeigen die »Vertreibung aus dem Paradies«, Freskenbänder Szenen der *Great Siege*, der großen Türkenbelagerung von 1565.

Restaurant

Nur wenige Meter vom Palace Square entfernt bietet **Ambrosia** als **Weinbar und Restaurant** maltesische Küche mit internationalem Raffinement; **137 Archbishop Street, Tel. 21 22 59 23**, Mo–Sa 12.30–14.30, Mi–Fr 19.30–22.30 Uhr. ●–●●)

Echt gut!

*Casa Rocca Piccola 14

Der eigentlich unauffällige kleine Palazzo liegt zwei Straßenblocks hinter dem Großmeisterpalast, die Republic Street abwärts. Entstanden in den frühen Tagen der Hauptstadt, überstand er die wechselhaften Zeitläufe recht gut und präsentiert sich nach 400 Jahren als intakter Stadtpalazzo zur Besichtigung. Die Besitzer gestatten Einblicke in ihr Privatleben und einen authentischen Patrizierhaushalt voller Antiquitäten und Kunstschätze. Die Führungen zeigen auch das Souterrain, wo die alten Brunnenanlagen als Schutzräume ausgebaut und während der Bombenangriffe im Zweiten Weltkrieg genutzt wurden. Führungen: 74 Republic St., Mo–Sa stündlich 10–16 Uhr, So, Fei geschl.

Restaurant

Im kleinen Café-Restaurant **Bocconci** in der Casa Rocca Piccola stehen italienisch-maltesische Gerichte mit Zutaten aus der eigenen Landwirtschaft der Besitzer zur Wahl. Slow Food lautet das Credo der Küche (11–15 Uhr, ●–●●).

Vom Palace Square zum Marsamxett Harbour

Besonders schmuck im Ensemble der Gebäude rund um den Palace Square wirkt der mit Tauben verzierte **Palazzo Verdelin** 15 aus der Zeit des Barock. Benannt wurde er nach einem der Großmeister des Ritterordens.

Karozzin, die kleinen Kutschen mit den zierlichen Pferden, stehen auch am Palace Square für die Valletta-Rundfahrt zur Verfügung.

Echt gut!

Vom Palace Square führt die Old Theatre Street nach Nordwesten. Hinter der Kreuzung mit der Old Bakery Street folgt das ***Manoel Theatre** 16 mit einem der ältesten Bühnensäle Europas. Der portugiesische Großmeister Manoel de Vilhena (1722–1736) ließ es 1731 errichten; im Jahr darauf wurde es eröffnet. Die meisten Ränge des prachtvollen Logentheaters (Mitte 19. Jh.) sind original erhalten. Während der Theatersaison umfasst das

Immer häufiger ersetzt Aluminium den Baustoff Holz für die Balkone

Veranstaltungsangebot Sprechtheater und Musikdarbietungen der verschiedenen Genres (Führungen in Theater und Museum, Tel. 21 22 26 18, Buchungen auch online, www.teatrumanoel.com.mt; Mo–Fr 10.15, 11, 11.45 und ab 12.30 Uhr etwa alle 45 Min. bis 17 Uhr, Sa 10.15, 11, 11.45 und 12.30 Uhr; Spielzeit Okt.–Mai)

Restaurant

Das Café **Fumia** lädt im Innenhof des Palazzo Bonici gleich neben dem Theater zu Getränken und kleinen Gerichten ein (Di–So 8.30–20.30 Uhr). Und geht es um Fisch, steht das Restaurant auf der Liste der Empfehlungen ganz oben (Di–So mittags und abends bis 22.30 Uhr). ●●

Nach der nächsten Querstraße, der Old Mint Street, folgt in der Old Theatre Street die Kuppelkirche **Our Lady of Mount Carmel** **17**. Cassars Vorgängerbau von 1570 überstand den Zweiten Weltkrieg nicht. Der 1958 begonnene Neubau veränderte durch seine Dimensionen das Stadtbild. Hinter der West Street löst sich die Old Theatre Street in Treppenstufen auf. Beim Blick nach oben zeigt sich eine der faszinierenden Balkonlandschaften.

Auch der neugotische Turm der 1844 erbauten **Anglikanischen Kathedrale St. Paul's** **18** gehört zu den Wahrzeichen Vallettas. Das Denkmal auf dem Kirchenvorplatz erinnert an den Aufstand gegen die französische Besatzung 1799. Gegenüber der Kirche ist die bescheidene **Auberge d'Aragón** **19** ein Beispiel früher Ordensarchitektur. Auch hier zeichnete Gerolamo Cassar verantwortlich für Plan und Ausführung; das sparsame Fensterdekor gleicht dem des Großmeisterpalasts. Bis auf den klassizistischen Portikus hat dieser Palast als einziger in Valletta keine Veränderungen seit dem 16. Jh. erfahren! Unterhalb der Auberge überblickt man den gesamten **Marsamxett Harbour** bis hinüber nach Sliema. Um die Fähre dorthin zu nehmen oder falls man Hunger verspürt, lohnt ein Spaziergang hinunter zum Hafen unterhalb der **St. Andrew's Bastion**.

Restaurant

Cockney's klingt zwar nach Londoner East End, hier aber steht es für ein ht gut! **authentisches, alteingeführtes Fischlokal** (**Tel. 21 23 60 65**) gleich oberhalb der Kaimauern, wo an einfachen Tischen unverkünstelte Fischgerichte zu fairen Preisen aufgetragen werden. Mo abends geschl., sonst immer Lunch und Dinner. ●–●●

Bastionen im Norden und Osten

An der Spitze der Halbinsel gehen die mächtigen Schutzwälle über in die Wehrmauern von ***Fort St. Elmo** 20, eine der großen, zum Schutz der Hafeneinfahrt erbauten Befestigungsanlagen. Entstanden bereits vor der Ankunft der Johanniter, zur Zeit der spanischen Herrschaft, musste es nach den Angriffen der Türken von Grund auf neu gebaut werden. Heute dient es u.a. als Polizeischule (Besichtigung nur am Wochenende Sa 13–17, So 9–17 Uhr, Führungen jeweils 15 Min. nach der vollen Stunde).

Im Westteil des Forts, im ehemaligen Pulvermagazin, liegt das **War Museum** 21. Exponate und Fotos dokumentieren das Leiden der Malteser im Zweiten Weltkrieg, als deutsche und italienische Flieger 16000 Bomben abwarfen und eine Blockade die Malteser aushungern sollte. Ein italienisches Ein-Mann-Torpedoboot erinnert an die Selbstmordkommandos, mit denen die Achsenmächte die britischen Kriegsschiffe im Grand Harbour zu versenken versuchten (derzeit wegen Renovierung geschlossen, Wiedereröffnung im Verlauf des Jahres 2009; weitere Informationen unter www.heritagemalta.org/warmuseum.html).

Schutz vor neugierigen Blicken – Balkone auf Malta

Nicht nur in der Inselhauptstadt Valletta kann man sie bewundern, die typischen maltesischen Balkone. Grün bemaltes Holz und für die Lüftung ausstellbare Fenster und Fensterläden sind ihre Kennzeichen. Die geschlossenen, erkerartigen Balkone sind ein Erbe der arabischen Epoche (870–1090), sie sollten die ans Haus gebundenen Frauen vor neugierigen Blicken bewahren und ihnen dennoch die Sicht auf das Straßenleben erlauben. Darüber hinaus schützen sie vor der gleißenden Sonne, während gleichzeitig die Luftzufuhr geregelt wird. Blatt- oder Blütenornamente zieren mitunter die Konsolen. Schöne Beispiele entdeckt man übrigens an den Palastbauten beiderseits der Republic Street.

In den Lower Barracca Gardens

Von Mitte September bis Mitte Juni finden zwei- bis viermal im Monat sonntagmorgens **In-Guardia-Paraden** statt, bei denen Statisten in historischen Kostümen die Ritterzeit lebendig werden lassen; Termine beim Verkehrsamt (› S. 139).

Echt gut!

Die ***Sacra Infermeria** 22, das 1574 gegründete Hospital der Ordensritter, war einst eines der größten Krankenhäuser Europas mit einer vorbildlichen medizinischen Versorgung. Der Krankensaal der Ritter misst 154 auf 10 m und ist 9 m hoch mit einer freitragenden Decke. Durch die Tore konnte und kann man noch heute zu Pferd in die Halle reiten. Ein Stockwerk tiefer wurden in einem gleich großen, weit niedrigeren Raum mit Rippengewölbe die einfachen Leute gepflegt. Der Bau ist heute Teil des **Mediterranean Conference Centre;** im Untergeschoss dokumentiert die Ausstellung **The Knights Hospitallers** die Geschichte des Johanniterordens (tgl. 9.30–16 Uhr).

In der **St.-Lazarus-Bastion** schildert das Multivisionsspektakel **The Malta Experience** 23 Maltas Geschichte bis zur Gegenwart (auch auf Deutsch, www.themaltaexperience.com, Mo–Fr stündl. 11–16, Sa, So, Fei 11, 12, 13 Uhr, Sept.–Juni auch 14 Uhr).

Die Uferstraße führt hinunter zum **Siege Bell Memorial** 24, erbaut zur Erinnerung an die Verleihung des Georgskreuzes für die heldenhafte Verteidigung Maltas im Zweiten Weltkrieg. Auf der bergwärts führenden Triq Il-Mediterran gelangt man zu den **Lower Barracca Gardens** 25, wo die Bänke zu einer Pause einladen. Im Tempelchen ist Alexander Ball, Maltas erster britischer Gouverneur, begraben. Von den gepflegten Gärten schweift der Blick über den Grand Harbour hinüber nach Fort Ricasoli und über die Dächer des alten Fischmarktes.

Merchants Street – St. Paul's Street

Von den Lower Barracca Gardens führen die verschlafene St. Dominic Street sowie St. Christopher Street in Richtung Zentrum. Auch in dieser Ecke Vallettas beginnt allmählich die Sanierung der alten Bausubstanz, und seit dem Verschwinden des Straßenmarktes in der **Merchants Street** haben kleine Cafés und Kneipen mehr Reiz.

Zum 1592 gegründeten **Jesuitenkollegium**, dem 1768 Universitätsprivilegien zugesprochen wurden, gehörte auch die Kirche **Il-Gesù** 26. Francesco Buonamici,

Karte Seite 60

Militärbaumeister des Ordens, diente die römische Kirche Il Gesù als Vorbild. Das ehemalige *Collegium Melitense* ist heute Sitz von **Heritage Malta** (www.heritagemalta.com), verantwortlich für das Management der staatlichen Museen und archäologischen Stätten.

Die **Markthalle** **27** hat nach ihrer Renovierung viel an Charme verloren. Beim Sommerfestival **Streets Alive »Fridays in Valletta«,** das an drei Freitagen im Juli/August stattfindet, ist sie wie die gesamte Merchants Street stimmungsvolle Kulisse für künstlerische Darbietungen, so veranstaltet z.B. der Tangoclub Malta (http://blog.tangomalta.org) hier »Milongas«, Open-Air-Tangoabende.

Echt gut!

St. Paul's Street, eine Straßenschlucht mit den vielfältigen Balkonformen, vermittelt das Bild

Die Johanniter auf Malta

Bei seiner Ankunft auf Malta im Jahr 1530 hatte der Johanniterorden schon eine lange Geschichte hinter sich. 1099 in Jerusalem zum Schutz der Pilger im Heiligen Land gegründet, hatte seine ursprünglich karitative Zielsetzung in den Kämpfen mit den islamischen Reichen schnell militärischen Charakter angenommen. Dem Druck der Muslime mussten die Ritter letztlich weichen, Zypern (1291) und Rhodos (1308–1532) hießen die Stationen vor Malta.

Der weltliche Orden rekrutierte sich aus den Söhnen des europäischen Adels und gliederte sich nach der Sprache in acht »Zungen« (*langues*) – symbolisiert durch die acht Spitzen des Malteserkreuzes. Jede Zunge besaß ihre Niederlassung (*auberge*, wörtlich Herberge) und trug zur Finanzierung der Festung Malta bei – die erste UNO der Neuzeit. Der Orden war nur nominell dem Papst unterstellt und fungierte als eigener Staat, verpflichtet zu absoluter Neutralität. Das Postenkarussell unterlag einem ausgeklügelten Reglement: Wer drei Jahre auf der Galeere, drei im Konvent und 13 als Vorstand einer »Zunge« gedient hatte, konnte Großmeister werden. Dem Ordensziel, der Abwehr der »Ungläubigen«, ordnete man auch die Plünderung ihrer Handelsschiffe zu – um die Kasse zu füllen (die Befestigungen verschlangen Unsummen) und um christliche Sklaven zu befreien. Mir dem Sieg von 1565 gegen eine türkischen Übermacht gewannen der Orden sowie Malta an Bedeutung.

Als Napoleon den Orden 1798 vertrieben hatte, drohte ihm fast das Ende. Doch durch die Protektion des Papstes kam es Mitte des 19. Jh. zu einer Neugründung: Heute ist der Orden als katholischer (die Malteser) und als protestantischer Zweig (die Johanniter) weiterhin karitativ tätig. Offizieller Sitz ist Rom (Via Condotti). Über seine Struktur, den Status als eigenständiges Völkerrechtssubjekt in der internationalen Staatengemeinschaft und die Zielsetzungen informiert ausführlich die Website: www.orderofmalta.org (auch auf Deutsch).

Echt gut!

Nightspots in Valletta

■ **Trabuxu**

1 Strait Street][Ecke South Street
Tel. 21 22 30 36
Eine lässige Weinbar in einem alten Kellergewölbe, glücklicherweise serviert die Küche auch herzhafte Gerichte als Grundlage für die vorzüglichen Tropfen. Wenn's zu heiß wird, plaudern die Gäste schon mal auf der Straße. Mo geschl.

■ **222**

222 Great Siege Road
nahe dem Sliema-Fährenanleger
Nichts passt besser auf das Twotwentytwo als »cool« – ein beleuchteter Wasserfall am Eingang, ein Gewölbe in der Bastion eisblau ausgeleuchtet, minimalistisches Interieur, ein fantastischer Ausblick auf Sliema von der Terrasse, Clubsound.

■ **Q-Bar**

Valletta Waterfront
Das letzte Lokal in der langen Reihe der neuen Locations in den barocken Lagerhäusern beim Kreuzfahrtschiffterminal. Auch hier das Spiel mit dem Charme der alten Mauern, spaciger Sound, Videoinstallationen und im Freien – sehr stylish – weiße Sitzgruppen für die Chill-out-Time!

■ **Bridge Bar**

am Victoria Gate
In dieser kleinen, unspektakulären Bar geht es nicht um Design, hier machen die Leute und die Musik die Stimmung. Unter Kennern der Jazz-Szene der Tipp für Freitagabende im Sommer, wo man einfach auf den Stufen der St. Ursula Street sitzt und genießt.

des alten Valletta. Der Kirche ***St. Paul's Shipwreck** 28 fühlen sich viele Malteser besonders verbunden, da der reich verzierte Innenraum eine Armreliquie sowie das Gemälde »Schiffbruch des hl. Paulus« birgt.

Gegenüber dem Hauptportal von St. Paul's hat man in der gut besuchten **Pastizzeria Agius** Gelegenheit, **köstliche *pastizzi* frisch aus dem Ofen** zu probieren. Die Blätterteigtaschen überraschen mit süßen oder pikanten Füllungen.

Echt gut

Von hier ist man schnell wieder in der Merchants Street. Die **Castellania** 29 (1758), einst Justizpalast, heute Gesundheitsministerium, das Außenministerium im klassizistischen **Palazzo Parisio** 30 (18. Jh.) sowie die **Auberge d'Italie** 31 (16./17.Jh) säumen sie in ihrem Verlauf bis zum **Castille Place**, dem höchsten Punkt der Stadt.

In der **Auberge d'Italie**, dem früheren Kolleg der Ordensritter aus Italien, ist heute die Verwaltung der **Malta Tourism Authority (MTA)** untergebracht. Ab 1574 erbaut, zeigt das Hauptportal aus dem 17. Jh. die Insignien des Ordensgroßmeisters Gregorio Carafa (1680–1690).

Restaurants

■ **The Carriage**

South Street][Tel. 21 24 78 28
Klassisches Dekor für ein helles Penthouse-Restaurant **mit Blick über den Marsamxett Harbour.** Feine mediterrane Küche. Mo–Fr 12–15, Fr, Sa auch 19–22.30 Uhr. ●●●

Echt gut

Valletta lebt von und mit seinem Hafen

■ **Giannini**
23 Windmill Street][Tel. 21 23 71 21
Sehr elegant und mit schöner Aussicht auf Manoel Island; italienisch-maltesische Küche. Mo–Fr mittags, Fr, Sa abends. ●●●

■ **Rubino**
53 Old Bakery Street
Tel. 21 22 46 56
Echte maltesische, auch deftige Gerichte, mittags gut besucht, viele Geschäftsleute. Abends nur Di, Fr geöffnet, Sa, So und im August geschlossen. ●●–●●●

■ **Da Pippo**
136 Triq Melita][Tel. 21 24 80 29
Italienischer Trattoriastil. Essen mit ausgeprägter maltesischer Note. So geschl. ●●

■ **Ambrosia**
137 Archbishop Street
Tel. 21 22 59 23
Maltesische Küche mit internationalem Raffinement. ●–●● (› S. 65)

■ **Crianza**
33 Archbishop Street
Tel. 21 23 81 20
An heißen Tagen ein kühler Unterschlupf im Gewölbe; Akzent auf hervorragenden Nudelgerichten und Salaten. ●–●●

Nightlife

Ab 22 Uhr wird es in Valletta recht ruhig, verglichen mit den 1990er-Jahren hat sich jedoch enorm viel getan. Langsam entwickelt sich eine Szene in Bars und Cafés. Freitags oder samstags abends kommen Malteser, jung und alt, in die aufblühende Stadt. Man schätzt heute Lounges und Winebars in alten Gewölben mit teils extravaganter Ausstattung.

Ausflüge ab Valletta

Floriana

Die schachbrettartig angelegte Vorstadt von Valletta diente ursprünglich als Vorwerk, um die Hauptstadt auf der Landseite zu schützen. Namensgeber war der italienische Baumeister Pietro Floriani. 1634 hatte man ihn mit dem Bau der Befestigungen betraut.

Am Platz des Tritonenbrunnens, wo sonntags ein riesiger Flohmarkt viel Publikum anzieht, beginnt beim Hotel Phoenicia **The Mall.** Zur Ritterzeit sollte die Anlage durch diverse Ballspiele (*Pallamaglio* wurde zu Mall) die jungen Heißsporne von anders geartetem Zeitvertreib im Hafenviertel fern halten. Die Allee öffnet sich auf den weiten Vorplatz der **St.-Publius-Kirche,** geweiht dem römischen Statthalter, den Paulus bekehrt haben soll und der als Erster das Amt eines Bischofs in Malta bekleidete. Die runden Steinplatten dienten als Verschluss unterirdischer Speicherkammern. Dort lagerte das von den Rittern importierte Getreide.

In den Bastionen wurden herrliche Gärten angelegt, die zum Promenieren mit Ausblicken auf die Hafenbuchten und Bastionen einladen: **Sa Maison Garden, St. Philip Garden** und **Argotti Botanical Garden**.

3 **Hafenrundfahrt

Den weltbesten Naturhafen und seine Befestigungsanlagen vom Wasser aus kennenzulernen gehört zu den Highlights eines Malta-Besuchs. Die Rundfahrt mit den Schiffen von Captain Morgan (www.captainmorgan.com.mt, › S. 24) beginnt in etwa einstündigem Rhythmus (je nach Saison) an der Promenade The Strand in Sliema.

Marsamxett Harbour 32

Das Schiff nimmt zunächst Kurs auf die Landspitze von **Manoel Island 33,** vorbei an den Booten des Malta Yacht Club. Hier ließ Großmeister Manoel de Vilhena aus Portugal 1723–1732 ein Fort bauen; im Zweiten Weltkrieg war es U-Boot-Stützpunkt. **Lazaretto Creek** verdankt seinen Namen der Quarantänestation am Südufer von Manoel Island, wo pestgefährdete Passagiere von Schiffen aus der Levante kontrolliert wurden. Südlich des Jachtclubs liegt auf der Landspitze das Villen- und Diplomatenviertel **Ta' Xbiex**.

Die Kirche St. Joseph überragt den **Msida Creek**; die **Marina** bietet 900 Liegeplätze für Segel- und Motorjachten. Im **Pieta Creek** ankern die Schiffe der maltesischen Marine. Vorbei an den Befestigungsanlagen von Valletta, an der hohen Kuppel der Karmeliterkirche und dem Turm der **Anglikanischen Kathedrale St. Paul's** (› S. 66) wird **Fort St. Elmo 34** umfahren.

Restaurant

Der Dreimaster Black Pearl, einst für Dreharbeiten genutzt, beherbergt heute das rustikales Restaurant **Mare Nostrum, Msida Creek, Tel. 21 34 39 70,** Mo–Fr 12–14.45, 19–22.45 Uhr, Sa nur abends, So nur Lunch. ●●

Grand Harbour 35

Die von den Engländern erbaute Sperrmole an der Hafeneinfahrt erinnert an die Belagerung im Zweiten Weltkrieg. Damals blockierten Ketten und ein Netz

Karte Seite 73

unter Wasser den U-Booten den Zugang. Die fünf natürlichen Hafenbecken ergeben 16 km Küste mit optimalem Schutz.

Die lange Magazinzeile aus gelbem Sandstein entstand unter Großmeister Juan de Lascaris (1636–1657), der den Ausbau Vallettas zum zentralen Warenumschlagplatz des Mittelmeeres initiierte. 19 prächtige Lagerhäuser aus der Barockzeit bilden mittlerweile den Kern der prachtvollen **Valletta Waterfront 36**, der neuen Shopping- und Ausgehmeile am Wasser, unmittelbar neben dem Kreuzfahrtschiffterminal.

Am **Marsa Creek 37** tritt mit dem Kraftwerk und den Container-Gebirgen das Industriezeitalter in den Vordergrund. Die großen Überseeschiffe laufen heute zumeist den neuen Hafen bei Kalafrana an der Ostküste an.

32 Marsamxett Harbour
33 Manoel Island
34 Fort St. Elmo
35 Grand Harbour
36 Valletta Waterfront
37 Marsa Creek
38 French Creek
39 Fort Ricasoli

Die Docks

Der **French Creek** 38 wird beherrscht vom Riesenkran des »China Dock«. Mit Hilfe der Volksrepublik China entstand hier ein Trockendock für Schiffe mit bis zu 300 000 Bruttoregistertonnen. Der Name French Creek geht darauf zurück, dass hier 1798 Napoleons Flotte ankerte.

Um den **Dockyard Creek** gruppieren sich die **Three Cities** (› unten). Der Hafen ließ sich von der **Vedette**, dem Wachtturm auf der Landspitze von Senglea, bestens überblicken. Von dort spannte sich während der Türkenbelagerung 1565 eine Eisenkette bis **Fort St. Angelo** (› S. 76). Die Ritter hatten sich zuerst in Birgu (heute Vittoriosa) niedergelassen, in der Bucht hinter dem Fort ankerten ihre Galeeren.

Die äußerste Landspitze beherrscht das als Filmset beliebte **Fort Ricasoli** 39 aus dem 17. Jh.

Von hier kehrt das Rundfahrtschiff an den Ausgangspunkt nach Sliema zurück. Die Fischer dankten einst ihre glückliche Rückkehr mit den Worten *Sliemalik Marija* – »Friede sei mit dir, Maria«.

Three Cities

Für die drei historischen Orte **Senglea, Cospicua** und **Vittoriosa** benutzen die Einheimischen noch die alten Namen: Birgu (Vittoriosa), Bormla (Cospicua) und L'Isla (Senglea). Auch **Cottonera** ist als Bezeichnung für die Three Cities gängig und erinnert an die zwei spanischen Ordensgroßmeister Raphael und Nicolas Cotoner (17. Jh.), die den äußeren Befestigungsring erbauten.

*Vittoriosa

Als der Johanniterorden 1530 die Maltesischen Inseln übernahm, wählte er die Bucht von Vittoriosa als Hauptsitz. Das damalige Fischerdorf Birgu wurde erst nach der Abwehr der Türken 1565 in Vittoriosa (die Siegreiche) umbenannt. Der tief eingeschnittene Dockyard Creek war optimaler Ankerplatz für die Flotte der Ritter, bewacht von Fort St. Angelo auf der Landspitze.

Durch die **Three Gates,** Main Gate, Advanced Gate und Couvre Port, gelangt man heute in den Ort, der nach Jahrzehnten der Stagnation – ebenso wie die umliegenden alten Dörfer – langsam aufblüht (www.birgu.gov.mt). Sowohl neue und sanierte Wohnungen, eine verbesserte Infrastruktur als auch touristische Attraktionen sorgen für mehr Leben und Aktivität in der sympathischen Gegend im Schatten der mächtigen **Cotonera-Wallanlagen.**

Im **Couvre Port** befindet sich heute das Museum **Malta at War,** das die Situation während des Zweiten Weltkriegs dokumentiert, als die Menschen in den Bastionen vor den Bombenangriffen Zuflucht suchten (tgl. 10–16 Uhr). Das etwas versteckt gelegene Museum **Vittoriosa 1565** stellt mit lebensgroßen Puppen und Videoshows die Belagerung der Stadt durch die Türken nach (36 Triq Wenzu Dyer, Mo–Sa

Zur Festa geschmückt: der Palast des Inquisitors in Vittoriosa

10–16, Aug. bis 14 Uhr, ganzjährig So 10–13 Uhr).

Bis ins 11. Jh. reicht die Geschichte der **Pfarrkirche St. Lawrence** zurück, deren Bau Lorenzo Gafà 1697 barock vollendete. Bei der prächtigen Prozession zum Fest des hl. Lorenz (10. August) wird die silberne Heiligenstatue durch die Straßen des Städtchens getragen. Der berühmte Mattia Preti malte das Martyrium des Schutzpatrons (hinter dem Hauptaltar). Vom Kirchenvorplatz mit dem Monument, das an den Abzug der Briten erinnert, geht es am Kai entlang ins ehemalige Arsenal des Ordens, das sich einst bis zum Fort St. Angelo hinzog.

In die Militärbäckerei der britischen Mittelmeerflotte zog das **Malta Maritime Museum.** Hier bestaunt man Modelle von Galeeren und anderen Schiffen, maltesische Boote im Original, das Handwerkszeug der Zimmerleute und ein *Portulano,* ein Handbuch, in dem Details aller Häfen festgehalten wurden (tgl. 9–17 Uhr, letzter Einlass 16.30 Uhr, www.heritagemalta.org/maritimemuseum.html).

Eine Vergünstigung gegenüber den Einzeltickets bietet das **Multi Site Ticket** für Maritime Museum und Inquisitor's Palace (› S. 76). Echt gut!

Vom Kai des Maritime Museum pendeln **sorgsam restaurierte alte Dhajsas als Wassertaxis** zur Valletta Waterfront neben dem neuen Kreuzfahrtschiffterminal › S. 73. Echt gut!

Das Wahrzeichen von Senglea, die Vedette, wacht über den Hafen von Valletta

Nightlife

Scamp Palace, einst Sitz des britischen Flottenkommandanten, bietet Glücksspiel an Automaten, Karten- und Roulettetischen, als **Casino di Venezia** mit edler Bar und Spitzerestaurant auf dem Dach (Besuch nur mit Pass; Mo bis Do 12–2, Fr–Sa 14–4, So 12–2 Uhr; Jackpot Room Mo–Do 10–4, Fr–So 10 bis 6 Uhr; Restaurant: **Tel. 21 80 55 80, www.casinodivenezia.com.mt;** Di–So ab 19 Uhr, So auch Lunch).

Vor dem Bau Vallettas befand sich in **Fort St. Angelo** die Residenz der Johanniter, später diente das Fort u. a. als Gefängnis der Galeerensklaven und als Hauptquartier der Royal Navy. Auf der Trutzburg flattert seit 1998 wieder die Fahne des Malteser Ordens, der in den oberen Stockwerken residiert. Die anderen Teile sind zugänglich (Juni–Sept. Sa 9–13, sonst Sa 10–14 Uhr).

Zurück im Zentrum von Vittoriosa entdeckt man hinter St. Lawrence das Church Museum in **St. Joseph's Oratory**; außer Devotionalien und Dokumenten sind hier Schwert und Hut des Großmeisters Jean Parisot de la Valette zu sehen (tgl. 9–12 Uhr). Der Vorplatz von St. Joseph öffnet sich auf den **Victory Square** (Misrah Ir-Rebha), den Platz des Siegesdenkmals, wo sich eine Rast anbietet.

Zwischen **Main Gate Street** und **Kalkara Creek** hatten sich die Ordensritter bald nach ihrer Ankunft 1530 ihr Quartier »abgesteckt« genannt *Il collacchio*. Ein bestehendes Haus an der Main Gate Street (Triq il-Mina l-klbira) wurde zum Gerichtsgebäude umgewidmet und ab 1574 zum **Inquisitor's Palace.** Der verschachtelte Bau mit vielen Sälen und Innenhöfen enthält auch Gefängniszellen; die Sänfte im

Hof war wohl dem Inquisitor vorbehalten (tgl. 9–17 Uhr, letzter Einlass 16.30 Uhr). Im Gassengewirr des Quartiers künden Tafeln an den Fassaden von den einstmals sieben **Auberges** der Ritter. Aus der Vor-Ritterzeit stammt das **Normannenhaus** in der North Street Nr. 10/11 mit einem auffälligen Spitzbogenfenster.

Cospicua und Senglea

Schützend auf der Landseite vor Vittoriosa und Senglea liegt das Werftarbeiterstädtchen **Cospicua,** das ebenfalls zu den Three Cities gehört.

Als Wahrzeichen von **Senglea** gilt die **Vedette,** auch Gardjola genannt: ein steinerner Wachturm an der Landspitze, von dem aus der Hafen zu überblicken ist; Auge und Ohr, in Stein gemeißelt, stehen für Wachsamkeit, der Pelikan für Christus, der sich opfert.

Restaurants

■ **Il Forn**
26/27 North Street
Vittoriosa
Tel./Fax 21 82 03 79
Die sympathische Bar serviert in einer ehemaligen Bäckerei *(forn)* köstliche Salate und maltesische Snacks. Der österreichische Besitzer ist Künstler und gelernter Koch, sodass hier Kunst und Cuisine eine gelungene Harmonie finden. Terrasse im Innenhof. Gelegentlich Tanzabende des Tangoclubs.
Di–So 19.30–1 Uhr. ●

■ **Lupanara Wine Bistro**
The Waterfront
Vittoriosa
Tel. 79 47 89 71
Am Fuß von Fort St. Angelo sitzt man mit dem Blick aufs Wasser vor einer dramatischen Felswand oder in hellen Gewölben bei Wein und einer Auswahl leichter, italienisch-maltesischer Gerichte. ●

■ **Two and a Half Lemon**
Vault 5, Old Treasury Building
The Waterfront
Vittoriosa
Tel. 21 80 99 09
www.twoandahalflemon.com
Ein historischer Ort und freches Design: im alten Schatzamt des Ritterordens eine gelungene Mischung. Die Speisen vom Steingrill schmecken vorzüglich, und auch die Cocktails punkten. Tgl. mittags u. abends. ●●–●●●

Fort Rinella

Das Fort über dem **Rinella Creek** war einst eine ideale Geschützbastion zur Sicherung des Grand Harbour. Die Briten installierten hier 1882 eine von zwei 100-Tonnen-Kanonen mit einer Reichweite von 7000 yards (fast 7 km); das 2000 pound (90,7 kg) schwere Geschoss konnte 15 inches (37,5 cm) starke Metallarmierungen durchschlagen (www.wirtartna.org, tgl. außer Fei 10–17 Uhr, Juni–Sep. evtl. kürzer; historische Darbietungen Mo–Sa 14.30 Uhr).
Von Fort Rinella aus blickt man auf die **Mediterranean Film Studios,** die sich auf See-Szenen spezialisiert haben (www.mfsstudios.com).

Die zentrale Nordküste und ihr Hinterland

Nicht verpassen!

- Abends über die Promenade der Tower Road in Sliema bummeln
- Einen Badetag am St. Julian's Tower mit einem Drink in der »Exiles Bar« ausklingen lassen
- Auf einer Terrasse an der Spinola Bay das abendliche Treiben genießen
- Das Städtchen Naxxar am Festa-Wochenende erleben

Karte Seite 86

Zur Orientierung

Westlich des Marsamxett Harbour hat sich Maltas Häusermeer bis weit ins Hinterland fast jeden Quadratmeter Land erobert. Das einstige Villenviertel **Ta' Xbiex** oberhalb des Msida-Creek-Jachthafens ist nach wie vor gesuchte Adresse für Architekten, Versicherungen und andere Dienstleistungsunternehmen. **Gzira,** direkt gegenüber der Brücke nach Manoel Island, profitiert vom Tourismus, der die Nachbargemeinde Sliema überschwemmt, war aber ursprünglich ein Ort der Handwerker und kleinen Geschäftsleute. Nicht so **Sliema,** das Anfang des 20. Jhs. in wohlhabenden Kreisen Mode wurde – und bis heute ein teures Pflaster ist. **The Strand,** die Promenade am Sliema Creek, entwickelte sich zum Startpunkt vieler touristischer Aktivitäten, wie der Grand Harbour Tour. Hotels, Restaurants, Imbisslokale und Geschäfte begleiten die Uferstraße bis **St. Julian's**. Und wer zum Wasser will, hat es vor der Nase, nur fehlt der Sand. Dies ist sicherlich ein Grund für die Popularität der großen Hotels mit ihren exotischen Poolanlagen oder der Freizeitparks wie Splash & Fun Water Park. Abends flaniert Malta über Sliemas Tower Road. Und wenn der Trubel hier abebbt, beginnen die Funken in **Paceville** zu sprühen, glüht der Hotspot des Nachtlebens. Dann schläft das Hinterland, wo sich im Siedlungsgewirr zwischen **Qormi** (sprich: ormi) und **Naxxar** hübsche Ortskerne und Zeugnisse der Ritterzeit verbergen sowie die imposante Kuppelkirche von **Mosta.**

St. Joseph Church in Msida

Tour in der Region

Von Kuppel zu Kuppel

(5) St. Julian's › Gharghur › Naxxar › Mosta › Ta' Qali (› Attard › Birkirkara) › St. Julian's

Dauer: etwa 1/2 bis 1 Tag
Praktische Hinweise: Mit dem Bus wird die Rundtour etwas kompliziert, obwohl ein Bus ab Valletta/Floriana die Runde Naxxar, Mosta, Ta' Qali bis Mdina fährt. Ideal wäre das Auto, um evtl. auf dem Rückweg noch einen Abstecher nach Attard (Gärten des San Anton Palace, Aquädukt) zu unternehmen. Wer Nebenstraßen fahren will, braucht eine gute Karte und Orientierungssinn.

Nördlich von **St. Julian's** › S. 82 zweigen von der Küstenstraße bei Pembroke Nebenstraßen nach **Madliena** und **Ghargur** ab. Letzteres ist ein kleines, stilles Dorf im

Schatten einer hübschen Pfarrkirche. Hier, so die Meinung vieler Malteser, träumt die Insel wie vor 50 Jahren. In einer unscheinbaren Gasse besteht noch eine der alten Bäckereien, die in großen Öfen das traditionelle *Hobz* backen, jene beliebten kugeligen Weißbrote mit der dunklen Kruste. Am Hauptplatz findet sich gewiss jemand, der den kurzen Weg zur *bakery* erklären kann (in der Regel vormittags geöffnet).

Nach Nordwesten verlässt eine Straße das Dorf in Richtung der Victoria Lines, wo sie, vorbei an einem Steinbruch, einer Felskante nach Westen folgt. Im Städtchen **Naxxar** › S. 84 liegt das Zentrum bei der markanten Barockkirche. Gleich daneben lädt der ***Palazzo Parisio** › S. 85 zu einer Tour durch eine alte Adelsresidenz und prachtvolle Gärten ein. Im nur 2 km entfernten **Mosta** › S. 85 ist die Pfarrkirche mit der gewaltigen Kuppel, einer der größten weltweit, nicht zu verfehlen.

Abermals nur ein Katzensprung ist es bis zum kleinen Kunsthandwerkszentrum und Luftfahrtmuseum in **Ta' Qali** › S. 89, dem ehemaligen Militärflughafen der Briten. ****Mdina** › S. 93 erhebt sich verlockend im Westen, wer aber den Spuren der Ritterfolgen will, sollte über **Attard** › S. 88 zurückfahren, wo sich schöne öffentliche Gärten um den **San Anton Palace** › S. 88 ausbreiten und am südlichen Ortsrand der **Wignacourt-Aquädukt** › S. 88 die Hauptstraße nach Santa Venera begleitet.

Unterwegs in der Region

Sliema 1

Dem Ufer des Sliema Creek folgen Marina Street und **The Strand,** Meerespromenade und Einkaufsmeile der Gemeinden Gzira und Sliema. Boutiquen, Hotels, Cafés und Abfahrtstellen der Rundfahrt-, Ausflugs- und Fährschiffe sowie der neuen Sightseeing-Busse sorgen tagein tagaus für ein buntes Treiben. Sliema ist seit Beginn des 20. Jhs. eine teure Wohnadresse, dennoch wechseln entlang der Küste sowohl einfache wie auch niveauvolle Hotels einander ab, folgen in bunter Mischung feine Restaurants und billige Eckkneipen.

Ein paar Meter entfernt von der Uferstraße taucht man ein in den Wirrwarr der schmalen Einbahnstraßen. Hier ist Malta authentisch. Während an der Seafront die georgianischen Villen mit ihren Kolonnaden fast gänzlich verschwunden sind, spaziert man hier zwischen langen Reihen typisch maltesischer Stadthäuser des 19. und frühen 20. Jhs. umher und entdeckt den einen oder anderen völlig unauffälligen

Sliema, westlich von Valletta, ist eine begehrte Wohnadresse

Mini-Supermarkt oder Schreibwarenladen. Auch die gepflegten Fassaden rund um die Kirche **Stella Maris,** die im August mit ihrer Festa für Furore sorgt, vermitteln das Bild von Wohlhabenheit. Die **Tigné-Halbinsel** erfährt derzeit eine revolutionäre Umgestaltung. Auf einst kargen Felsflächen bis zum Fort wächst nun ein Wohn- und Geschäftsviertel im Eiltempo in die Höhe.

Bisazza Street, eine der zentralen Shoppingadressen in Sliema, und in der Fortsetzung **Tower Road** führen vom Sliema Creek zur andere Seite der Landzunge, wo Maltas »Sun 'n' fun« beginnt. Von hier bis zur **St. George's Bay** ist man mitten im turbulenten Urlaubsleben; Felsküste, Sandstrand oder Pool, Tauchen oder Bootfahren, Beach Bar oder Nightclub – alles ist drin!

Für ein wenig Romanik sorgt am **Sliema Point** die frühere britische **Küstenfestung** mit dem Restaurant »Il Fortizza«, der »Tower Bar« und einem der hier zahlreichen Lidos um die Ecke. Die nächste Landspitze (in Richtung St. Julian's) verteidigte einst **St. Julian's Tower** (auch San Gilian Tower, errichtet 1657–1660). Die Promenade zwischen den Forts und weiter zur Balluta Bay ist der Ort der abendlichen *passegiata*, des Bummelns und Parlierens der Malteser aller Altersstufen und der Touristen – Restaurants, Imbisslokale, Kioske und Eisdielen haben Hochbetrieb. **Besonders cool ist die Exiles Bar** direkt unterhalb von St. Julian's Tower (› S. 24).

Echt gut!

Restaurants

■ **Il Galeone**

35 Tigné Seafront][Sliema

Tel. 21 31 64 20

Ein mit Fischernetzen und maritimem Beiwerk dekoriertes italienisches Lokal; alles wird frisch zubereitet.

So–Mo geschl. ●●

■ **Ta' Kolina**
155 Triq it-torri (Tower Rd.)][Sliema
Tel. 21 33 51 06
Großes Glück hat, wer einen der Tische auf der winzigen Terrasse zur Promenade hin ergattert. Günstige Menüs mit saisonal wechselnder Auswahl italienisch-maltesischer Gerichte. ●●

■ **La Cuccagna**
47 Amery Street][Sliema
Tel. 21 34 67 03
Unweit der Tower Road serviert der gemütliche und überaus beliebte Italiener fabelhafte Pizzas und andere mediterran-maltesische Gerichte. Reservierung unbedingt empfohlen. Geöffnet nur abends, Sept.–Juni auch So mittags, Mo geschl. ●–●●

■ **Ta' Kris**
Triq Fawwra
Sliema (Tigné-Halbinsel)
Tel. 21 33 73 67
Etwas versteckt liegt das heimelige Restaurant in einer ehemaligen Bäckerei; maltesisch das Ambiente wie die Gerichte. ●–●●

■ **Mamma Mia**
Seafront][Ta' Xbiex
Tel. 21 33 72 48
Nicht zu verpassen ist die riesige Pizzeria, die herrliche Plätze am Wasser bietet. ●–●●

Shopping

An der **Bisazza Street** verführt das **Plaza Shopping Centre** dazu, weit mehr Zeit und Geld zu investieren, als man vorhatte, u.a. mit Markenklassikern wie Tiffany, Coin, Cardin, Max Mara oder Bata, während rundum die individuelleren Shops trendige Flipflops ebenso im Sortiment haben wie Wohnaccessoires (Mo–Sa 9.30–19.30, Imbissrestaurants bis ca. 23 Uhr).

St. Julian's 2

Nahtlos geht Sliema an der **Balluta Bay** (nahe dem Restaurant Barracuda › S. 83) in San Giljan, wie St. Julian's auf maltesisch heißt, über. Weder der Charakter der Küste noch der der Häuser ändert sich im Schatten des bläulich schimmernden **Tower**, eines postmodernen Bürohochhauses neben dem ebenso neuen Konferenzzentrum beim Hilton Hotel Portomaso. Eine neugotische Kirchenfassade und einige gründerzeitliche Fassaden erinnern im Innern der Bay noch an das alte Malta, aber die Gegenwart dominiert.

Die **Spinola Bay** mit ihren bunten Booten, dem Blumenschmuck und den Balkonhäuschen ist immer noch eine Postkartenansicht; der **Spinola Palace** von 1688 wäre das auch, wenn nicht der Blick auf die harmonische Fassade verbaut wäre. St. George's Road führt landeinwärts nach **Paceville**. Von Beschaulichkeit oder friedlicher Stille ist hier nichts zu spüren.

Nightlife

Am Wochenende sind die Sträßchen in Maltas Zentrum des Nachtlebens bis in den frühen Morgen eine einzige große Chill-out-Zone für die Partygänger. **Bar O, Empire, Going Places, Havana, Fuego Salsa Bar, Sabor, 7rooms** sind nur einige der schillernden Namen der unzähligen Discos. Die winzige Bar **Juuls**, ein bekannter Homosexuellen-Treff, zieht wegen ihrer **gemütlichen Atmosphäre** ein bunt gemischtes Publikum an (Mo–So ab 19 Uhr).

Echt gut

Karte Seite 86

Spinola Bay in St. Julian's am Abend

Unterhalb des Malta Hilton entwickelte sich die Shopping- und Restaurantzeile am **Jachthafen Portomaso** zu einem neuen Treffpunkt in St. Julian's. Das exklusive **Spielkasino Dragonara Palace** besetzt eine Felsspitze weiter im Nordwesten.

Die St. George's Road mündet auf die **St. George's Bay;** das Buchtinnere säumt der Palmengarten eines ehemaligen Hotels (jetzt Privathaus). Frischer, künstlich aufgeschütteter Sand und eine **neue Promenade** haben der St. George's Bay Beachflair und Attraktivität zurückgegeben.

cht gut!

Restaurants

Peppino's

31 St. George's Road
St. Julian's (Spinola Bay)
Tel. 21 37 32 00

Gute italienische Küche in einem **hübsch hergerichteten Traditionshaus.** In der Weinbar auch Kleinigkeiten und eine gute Auswahl offener Weine. So geschl. ●●●

cht gut!

Barracuda / Piccolo Padre

94 Main St.][St. Julian's
Tel. 21 33 18 17

tgl. ab 19 Uhr, Reservierung erforderlich.

Am Eingang der Balluta Bay lädt in einem hübschen maltesischen Haus das Restaurant (●●●) zum edlen Dinner mit Blick auf schaukelnde Boote und das Lichterspiel in der Bay ein. In einem legeren, rustikalen Ambiente serviert die Pizzeria »Piccolo Padre« (●●) im Untergeschoss.

Lulu

31 Church St.][St. Julian's
Tel. 21 37 72 11

Ein geschmackvolles kleines Edelrestaurant für mediterrane Köstlichkeiten, vor allem Fisch; himmlische Desserts. Mo–Sa ab 19 Uhr, So geschl. ●●–●●●

Oliver's

19/21 Paceville Ave.
St. Julian's
Tel. 21 38 00 23

Echt gut! **Erlesen zubereitete Mittelmeerküche** in einem gefällig modernen Ambiente ohne Snobismus. Unbedingt die Desserts kosten! ●●

Echt gut! Hot Nightspots

■ **Fuego Salsa Bars**
Triq Santu Wistin][Paceville/St. Julian's und **Qawra**][tgl. Juni–Sept. 21–2, sonst ab 22.30 Uhr.
Beste Cocktails zu heißen Latinorhythmen auf großzügigen Terrassen (überdacht und geheizt in der kühleren Jahreszeit).

■ **Axis/Matrix/Styx**
St. George's Road][St. Julian's
Juni–Aug. tgl. 20–4, sonst nur Fr, Sa.
Maltas bekannteste und beliebteste Disco; drei Clubs unter einem Dach, in denen Top-DJs auflegen.

■ **The Bedouin Bar**
Hotel Westin Dragonara][St. Julian's
Juni–September tgl. 19–1 Uhr.
Die coole Cocktailbar für laue Nächte am Meer. Ausgefallenes orientalisches Ambiente.

■ **Gianpula – Molescule**
bei Rabat][Juni–Sept. Fr ab 22, Sa 23–4 Uhr, ferner Sonderveranstaltungen (www.gianpula.com).
Die angesagte Mega-Disko open air auf dem Areal eines ehemaligen Gehöfts; Kapazität für bis zu 4000 Personen. Gastauftritte international bekannter DJs, im Winterhalbjahr im VIP-Club Molescule.

■ **La Grotta Discotheque**
Xlendi Rd.][Xlendi, Gozo][Mitte Mai–Okt. Sa 22–4 Uhr. Gozos angesagter Club in einer idyllisch grünen Felsenschlucht: House, Techno, Progressive auf mehreren Ebenen.

■ **Meze im Hotel Juliani**
12 St. George's Road
St. Julian's (Spinola Bay)
Tel. 21 37 64 44
Das modern gestylte Restaurant wandelt sich freitags ab 1 Uhr morgens zum In-Club. Maghrebinisch-maltesische Küche, nur in den Sommermonaten geöffnet. ●●

■ Populär sind seit Langem die Bars und Imbisslokale im öffenlichen Bar-Restaurantkomplex der **Corinthia Hotels**, z.B. die **Vinotheque Wine & Cheese Bar** (●). Sommerlich lässiges Ambiente und abendliche Romantik vereinen die Newcomer **Paranga Restaurant** (●●) und **The Lido Terrace** (●●) des **InterContinental Beach Club**.

Bahar ic-Caghaq 3

Hinter St. George's Bay Richtung Westen schwingt die Straße entlang der Nordküste landeinwärts und verläuft durch Wohngebiete. Bahar ic-Caghaq, wo sie wieder das Meer erreicht, wäre nicht erwähnenswert, gäbe es dort nicht die auch bei den Einheimischen extrem beliebten Freizeitparks **Splash and Fun Water Park** und **Mediterraneo Marine Park** (› Special S. 18).

Naxxar 4

Das etwa 10 km von Valletta entfernte Städtchen wird überragt von der schmucken Pfarrkirche zu Ehren der Muttergottes. Nach Plänen des Architekten Tommaso Dingli 1616–1630 erbaut, vermag

Echt gut! sie zur **Festa um den 8. September** mit der Pracht eines barocken Palastes zu konkurrieren. Bis vor kurzem war Naxxar (10 000 Einw.) selten Haltepunkt auf einer Malta-Tour. Die Betonung liegt auf »war«, denn seit die Besitzer des Palazzo Parisio das noble Domizil kräftig entstaubt haben, ist Naxxar ein Muss!

4 Der ***Palazzo Parisio** unmittelbar neben der Kirche erweckt von außen nicht unbedingt Aufsehen, nur das Säulenportal lässt Besonderes ahnen. Immerhin gab Großmeister Manoel de Vilhena den Auftrag zu dem 1733 vollendeten Stadtpalast mit einem fantastischen **Barockgarten** und einer Orangerie. In die schimmernde Pracht der Innenräume investierte erst der Marquis Giuseppe Scicluna. Hausherr seit 1898, engagierte er italienische und heimische Handwerker, um sein kleines Versailles entstehen zu lassen – mit einem auf Malta einzigartigen Ballsaal, unter dessen schweren Lüstern bis heute bei Hochzeiten oder anderen Festanlässen getanzt wird. (Besichtigung nur mit Führung, www.palazzoparisio.com, tgl. Mo–Sa 9–18 Uhr, Einlass bis 16.30 Uhr. Gelegentlich Musikveranstaltungen.)

Café

Im Garten des Palazzo Parisio befindet sich das hübsche Café-Restaurant **Caffé Luna** mit kühlen Schattenplätzen (●●–●●●). Eine Öffnung des Restaurants am Abend ist geplant.

Palazzo Parisio in Naxxar

Mosta 5

Schon von weitem scheint die mächtige Kuppel von ***St. Marija Assunta** wie eine riesige Steinblase aus dem Steinmeer der Häuser aufzusteigen. Dem Architekten George Grognet diente das römische Pantheon als Vorbild, als er 1833 mit Maltas größter Kirche begann. Sie fasst 12 000 Menschen. Der Durchmesser der Kuppel beträgt 40 m, ihre Höhe bis zur Laterne 66 m. Die bunte Ausschmückung ist ganz und gar der maltesischen Tradition verpflichtet. Im Zweiten Weltkrieg erlebte die Kirche ein Wunder: Eine deutsche Fliegerbombe durchschlug die Kuppel während des Gottesdienstes, explodierte jedoch nicht. Niemand wurde verletzt.

Café

Candi's Pizza Café am Hauptplatz ist schlicht eingerichtet, aber hier genießt man zum Eis oder zu kleinen Gerichten vor allem den **Blick auf die majestätische Rotunde,** die abends stimmungsvoll angestrahlt ist. Echt gut!

(5) **Von Kuppel zu Kuppel** › S. 79 St. Julian's › Gharghur › Naxxar › Mosta › Ta' Qali (› Attard › Birkirkara) › St. Julian's

(6) **Ritter – Tempel – Klippen** › S. 91 Mdina/Rabat › Siggiewi › Ghar Lapsi › Blue Grotto › Hagar Qim/Mnajdra › Dingli Cliffs › Mdina

(7) **Panoramawanderung** › S. 92 Buskett Gardens/Verdala Palace › Laferla Cross › Dingli Cliffs › Dingli

(8) **Tief hinab in die graue Vorzeit** › S. 108 Valletta/Floriana › Paola › Tarxien › Ghar Dalam › Marsaxlokk

(9) **Von Hafen zu Hafen wandern** › S. 109 Marsaskala › Delimara Point › Marsaxlokk (› Ghar Dalam)

(10) **Stille und Trubel im hohen Norden** › S. 117 **Bugibba › Mellieha › Mellieha Bay › Il-Ghadira-Vogelschutzgebiet › Red Tower › Rdum tal-Madonna › Armier Bay › Ras il-Qammieh › Mellieha Bay**

(11) **Bay-Hopping im Westen** › S. 118
St. Paul's Bay › Pwales Valley › Golden Bay/ Ghajn Tuffieha › Popeye Village/Anchor Bay

(12) **Tower-Walk** › S. 119 **Mgarr › Gnejna Bay › Ghajn Tuffieha › Golden Bay › Anchor Bay › Mellieha Bay**

Balkonfassade in Birkirkara

Lija 6

Eine herrliche Oleanderallee führt zur ***Pfarrkirche** von Lija, in der ein Bild der Verklärung Christi verehrt wird. In dem barocken Bau hinterließ Giovanni Barbara (1670–1730) sein Hauptwerk. Die für Malta typische Zweiturmfassade stammt aus dem Jahr 1694.

Ein besonderes Ereignis ist die **Festa** Anfang August, die hier mit mehr donnernden Böllern und Feuerwerken begangen wird als in anderen Orten der Insel.

Attard 7

Sich in der Agglomeration Lija, Balzan, Attard und Birkirkara nicht mal zu verfahren, ist Glückssache, aber auch nicht tragisch. Die Beschilderung zu San Anton Palace erleichtert die Anfahrt nach Attard. Ein Renaissance-Schmuckstück ist die Pfarrkirche ***St. Marija** des Architekten Tommaso Dingli (1591–1666). Da die tempelartige Fassade keine Türme vertrug, wurde 1718 ein Glockenturm auf das nördliche Querschiff gesetzt.

Chronischer Wassermangel in Valletta veranlasste den Großmeister Alof de Wignacourt aus Frankreich (1601–1622) zum Bau des nach ihm benannten **Wignacourt-Aquädukts**. Die Leitung, die Frischwasser aus Brunnen bei Mdina in die Ordensresidenz führte, entstand 1610–1614. Ihre Trasse folgte der Verbindung Rabat–Valletta über Attard. In der Postkutschenzeit konnte man den Blick über die Ebene schweifen lassen; heute führt die Straße durch das Siedlungskonglomerat von Attard, Birkirkara, Santa Venera und Hamrun.

Die Wasserleitung förderte die Errichtung des **San Anton Palace,** den Großmeister Antoine de Paule (1623–1636) als Landsitz im Stil eines französischen Château mit Park in Auftrag gab, geeignet um 600 Gäste zu bewirten. In der englischen Zeit residierte hier der Gouverneur; 1974 wurde der Palast Privatresidenz des Präsidenten der Republik. Nur die **Gardens** mit ihrem Reichtum an exotischen Pflanzen und Wasserspielen sind in der Regel tagsüber bis 19 Uhr zugänglich; für maltesische Firmlinge sind sie Ziel eines Pflichtausflugs. Außerdem finden Handelsmessen für Blumen, Obst und Gemüse sowie kulturelle Veranstaltungen in der Anlage statt.

Shopping

- Von Attard erreicht man leicht die Straße nach Rabat, von der nach ca. 2 km eine Piste zum **Ta' Qali Craft Centre** abgeht. In den Wellblechhangars des ehemaligen britischen Militärflughafens, wo auch ein kleines Luftfahrt-Museum entstand, bieten Tischler, Schmiede, Weber, Töpfer und Spitzenklöpplerinnen ihre Erzeugnisse an (**www.maltaaviationmuseum.com**, tgl. 9–17 Uhr).
- Die größte »Werkstatt« in Ta' Qali hat **Mdina Glass** (**www.mdinaglass.net**; Glasladen: Mo–Fr 8.30–17, Sa 9–13 Uhr), wo die Besucher den Glasbläsern zusehen können. Die Produkte – der Stil schwankt zwischen klassisch und kitschig – haben ihren Preis, doch man findet auch bezahlbare Schnäppchen.
- Ganz in der Nähe liegt die Weinkellerei **Meridiana** (› S. 51).

Qormi 8

Die gewaltige moderne Kuppelkirche von Qormi liegt in einer Senke. Auch sie stellt eine hervorragende Orientierungshilfe dar, wenn man einmal mehr die Beschilderung vermisst. Einst galt Qormi wegen der großen Anzahl seiner Bäckereien als das Dorf der Bäcker *(casal fornaro)*. Heute kann man sich in der **Pastizzeria Pinto,** gleich neben der Kuppelkirche, bei frischen *pastizzi* von der Qualität dieser Tradition überzeugen (60 St. Bartholomew Street). Bis zu 600 Personen nehmen alljährlich an der großen Karfreitagsprozession teil, bei der ab etwa 17.30 Uhr Figurengruppen aus Pappmaschee durch die Straßen getragen werden. Die Motive stellen Szenen aus der Passion dar.

Restaurant

»1743« Ir-Razzett L-Antik
Valley Road][Tel. 21 47 02 21
www.farmhousecooking.com
Das rustikale Restaurant empfängt seine Gäste in einer 400 Jahre alten Getreidemühle, dem authentischen Ambiente entsprechend wird auch nach alten Rezepten gekocht. Mo, Mi–Sa ab ca. 19.30 Uhr. ●●–●●●

Birkirkara 9

»B'kara«, wie man auf Straßenschildern häufig liest, ist mit ca. 23 000 Einwohnern Maltas bevölkerungsreichste Stadt. Vom Aquädukt am südlichen Ortsrand erreicht man die ***Church of the Assumption**, die alte Pfarrkirche. Die Fassade zeigt die klare Formensprache der Renaissance: Mächtige Pilaster mit korinthischen Kapitellen tragen den Dreiecksgiebel. Vittorio Cassar (1550 bis 1610) war ihr Baumeister.

Als Höhepunkt des maltesischen Barock gilt die Pfarrkirche ***St. Helena** (1735–1745), ein Werk von Domenico Cachia (1710–1790), der auch die Pläne zur Auberge de Castille in Valletta (› S. 57) fertigte. Geschwungene Treppen führen hinauf zur Doppelturmfassade. Die Giebel der Portale wirken noch recht streng, im Gegensatz zum Glockenstuhl, der mit barockem Zierrat überzogen ist.

Mdina, Rabat und der Südwesten

Nicht verpassen!

- Einen Imbiss mit Ausblick von den Fontanella Tea Gardens auf den Bastionen von Mdina
- Einen Abendbummel durch Mdinas stille Gassen
- Die Besichtigung der Katakomben von Rabat
- Picknick an den Dingli Cliffs
- Die Blue Grotto und ihr Farbenspiel bei Sonne erleben
- Stille Minuten mit dem Blick auf Filfla bei den Tempeln von Hagar Qim und Mnajdra

Zur Orientierung

Mdina liegt als weithin sichtbarer Blickfang auf einem Hochplateau, das herrliche Aussichten über die ganze Insel bietet. Die auf arabischen Fundamenten errichteten mittelalterlichen Wehrmauern und Bauwerke, eine berühmte Kathedrale und zahlreiche Paläste aus der Ritterzeit prägen die »stille Stadt«, die fast wie ein Freilichtmuseum wirkt. Die Zwillingsstadt **Rabat**, ursprünglich Vorstadt, verwirrt mit einem verwinkelten Straßenbild, unter dem sich ausgedehnte frühchristliche Katakombengänge hinziehen.

Die Dramatik der rund 250 m hohen **Dingli Cliffs** beeindruckt an der Südküste, und tief blicken kann man abermals in der Region der Steinbrüche bei **Siggiewi** oder ehe man ins Boot zur Blue-Grotto-Fahrt steigt.

Zwischen den Dingli Cliffs und der Blauen Grotte liegen die bis heute rätselhaften Cart Ruts sowie die Tempel von **Hagar Qim** und **Mnajdra** – beides Weltkulturerbestätten der UNESCO. Sie machen mit der Megalithkultur der Vorzeit bekannt und sind nicht zuletzt ein eindrucksvoller Beweis dafür, dass die Baumeister der Kultanlagen sich schon vor 5000 Jahren mit Astronomie beschäftigten.

Die prähistorischen Tempel von Mnajdra sind aus mächtigen Felsblöcken erbaut

Touren in der Region

Ritter – Tempel – Klippen

(6) Mdina/Rabat › Siggiewi › Ghar Lapsi › Blue Grotto › Hagar Qim/Mnajdra › Dingli Cliffs › Mdina

Dauer: 1 Tag, 22 km. Wer gerne viel Zeit in Museen und Kirchen verbringt, sollte für Mdina/Rabat einen ganzen Tag veranschlagen und einen zweiten der Tour widmen.
Praktische Hinweise: Ein Auto ist hier sinnvoll, da die Ziele der Tour auf verschiedenen Buslinien liegen. Die Orte und Sehenswürdigkeiten der Route sind recht gut ausgeschildert.

So klein ****Mdina** › S. 93 und **Rabat** › S. 98 sind, sie besitzen den urbanen Charakter mittelalterlicher Städtchen und stecken voller Geschichte und Geschichten, vor allem aus der arabischen Epoche und der Ritterzeit – nicht zu vergessen den hl. Paulus und die alten Römer.

Fels – im Urzustand, von Menschenhand und vom Meer bearbeitet –, so könnte das Motto der dann folgenden Landpartie lauten. Vom Steinbruch für Globigerinenkalk in **Siggiewi** › S. 104 führt sie zu den bizarren Kreatio-

Dingli Cliffs

nen, die die Natur bei ***Ghar Lapsi** › S. 104 und in der **Blue Grotto** › S. 106 geschaffen hat. Anschließend kann der meisterliche Umgang der prähistorischen Baumeister der megalithischen Tempel von ****Hagar Qim** und ****Mnajdra** › S. 105 bestaunt werden. Auf der Fahrt zu den schroffen ***Dingli Cliffs** › S. 103 passiert man Felder, umgeben von Steinmäuerchen, um sie vor dem Wind zu schützen. Über Dingli geht es zurück nach Mdina.

Panoramawanderung

7 Buskett Gardens/ Verdala Palace › Laferla Cross › Dingli Cliffs › Dingli

Dauer: Ca. 3 Stunden für knapp 10 km
Praktische Hinweise: Die Buslinie 81 hat ihre Endhaltestelle unmittelbar bei den Buskett Gardens und hält – wichtig für die Rückfahrt – auch in Dingli.

Als kleines archäologisches Extra bietet sich zu Beginn der Wanderung ein kurzer Abstecher von den Buskett Gardens zu den ***Cart Ruts von Clapham Junction** › S. 102 an.

Nördlich des ***Verdala Palace** › S. 101 beginnt dann der eigentliche Weg nach Osten. Man wandert etwa 1,5 km abwärts und biegt dann im spitzen Winkel rechts ab, hinunter ins grüne Tal des Wied il-Luq.

Nahe der Brücke vereint es sich mit dem gleichfalls fruchtbaren und für wilde Orchideen bekannten **Girgenti Valley,** wohin die Inquisitoren sich während des Sommers in einen Palast zurückzogen. Die Anhöhe des **Laferla Cross** bereits im Blick, hält man sich links und dann zweimal rechts, um letztlich beim Kreuz und der Kapelle etwa 200 Höhenmeter zu erreichen. Das 360-Grad-Panorama ist überwältigend: die See im Süden und Westen, das urbanisierte Malta im Nordosten.

Vorbei an der St. Lawrence Chapel geht es langsam abwärts und nach dem ersten Steinbruch scharf links – nur noch 500 m entfernt brandet das Meer an die Klippen an der Felsnase **Il-Kullana.** Über etwa 5 km begleitet nun die Straße die ***Dingli Cliffs** › S. 103, vorbei an der Kapelle der hl. Magdalena und einer Radarstation – hier ist Zeit und Raum für ein Picknick mit Fernblick. Die Bushaltestelle in Dingli liegt nur 1 km von der Radarstation entfernt.

Unterwegs in der Region

5 **Mdina 10

Vom Saqqajja-Platz zur Kathedrale

Wie wäre es mit einer **Tour in der Pferdekutsche** durch die malerischen Gassen von Mdina? Am **Saqqajja-Platz** vor den Howard Gardens warten die typisch maltesischen **Karozzin.**

Hinter den Grünanlagen führt eine von Wappen und Löwen flankierte Brücke zum **Main Gate** A, dem Haupttor des mittelalterlichen Mdina. Das Portal (1724) zeigt Großmeister Manoel de Vilhenas Wappenschilde sowie, an der Innenseite, Darstellungen des Apostels Paulus, des hl. Publius und der hl. Agatha, der Schutzpatronin der Stadt.

Rechts steigt man die Treppen zu den **Mdina Dungeons** hinunter. Eindrücklich werden in den Verliesen u.a. die Methoden der Folter nachgestellt, die bis 1813 hier praktiziert wurde (tgl. 9.30 bis 17 Uhr).

Wesentlich heiterer präsentiert sich da der ***Vilhena-Palace** B,

Stadtgeschichte

Die Anhöhe von Mdina (400 Einw.) war schon in der Bronzezeit besiedelt; Mauerreste und Nekropolen bestätigen den geschichtlich erwähnten »Zufluchtsort« *M(a)let* aus phönizischer Zeit (1. Jahrtausend. v. Chr.). In der Römerzeit entwickelte sich Melita ab 241 v. Chr. zu einer blühenden Stadt, berühmt für ihren Honig (lat. mel). Die Araber (870–1090) umgaben den Ort mit Wehrmauern und verliehen ihm seinen heutigen Namen.

Bis zur Ankunft der Ordensritter im Jahre 1530 war Mdina die Hauptstadt Maltas, danach hieß es nur mehr *Città Vecchia*, »alte Stadt«. Einen Ehrentitel hatte ihr König Alfonso von Aragón 1422 verliehen: Einer Invasion islamischer Korsaren, bei der 3000 Malteser verschleppt wurden, widerstand einzig Mdina und war fortan die *Città Notabile*, die »vornehme Stadt«. Obwohl Mdina unter den Rittern den Hauptstadtstatus verlor, beließ man dort die *Università*, eine Art Selbstverwaltungsrat aus Patriziern und Klerus, der die Geschicke der Insel unter der spanischen Herrschaft gelenkt hatte.

Ihr barockes Erscheinungsbild verdankt die Stadt dem Wiederaufbau nach dem Erdbeben von 1693 in der Folge des Ätna-Ausbruchs im gleichen Jahr. Von der älteren Bausubstanz blieb nur wenig erhalten. Im Scheinwerferlicht der Geschichte stand Mdina nochmals im Jahr 1798: Napoleons Truppen plünderten die Karmeliterkirche, was das Volk aufbrachte und letztlich zur Vertreibung der Besatzer führte. Danach wurde Mdina zur »stillen Stadt«, zum Freilichtmuseum.

Die Kathedrale von Mdina

den Großmeister Vilhena einst als den neuen Sitz der *Università* (› Exkurs Stadtgeschichte S. 93) errichten ließ. Heute beherbergt der dreiflügelige Palast die Sammlungen – darunter Mineralien und Insekten – des **Naturhistorischen Museums** (www.heritagemalta.org/museums.html, tgl. 9–17 Uhr, letzter Einlass 16.30 Uhr). Im Innenhof entdeckte man bei Renovierungsarbeiten das ursprüngliche Stadttor von Mdina.

Echt gut!

Für den Eintritt in das Naturhistorische Museum, die Domus Romana (Museum römischer Kultur) und die St.-Paul's-Katakomben gibt es **ein vergünstigtes Multi Site Ticket.**

Der **Torre dello Standardo**, gegenüber dem Palast, war einst der Posten der Festungswache und stammt aus dem 16. Jh.; er soll aber auf römischen Fundamenten stehen.

Die erste Gasse rechts, Inguanez Street, führt zum **Corte Capitanale** C, dem Alten Gerichtshof. An seiner Fassade versinnbildlicht die Statue mit den verbundenen Augen die Gerechtigkeit.

Hotel-Restaurant

Gegenüber dem Corte Capitanale steht der **Xara Palace** D, den das Wappen der alten maltesischen Familie Xara ziert. Er ist heute ein romantisches kleines Luxushotel (**Tel. 21 45 05 60, www.xarapalace.com.mt, ●●●**).
In der ehemaligen Remise serviert die **Trattoria AD 1530** (●●) Salate und Pasta zu Wein und Bier,
das edle **De Mondion** (●●●) Gourmetgerichte auf der Dachterrasse.

An der Kathedrale

Verspielte Fensterumrahmungen zieren die Fassade des ***Cathedral Museum** E, das im ehemaligen Priesterseminar untergebracht ist. Die auf Malta häufigen Fegefeuerdarstellungen aus Stein mahnen hier auf dem Dachfirst den Christenmenschen an sein sündiges Leben. Die Sammlungen des Museums umfassen u.a. Choralbücher sowie italienische und maltesische Malerei. Die Handschriften liturgischer Texte reichen bis ins 11. Jh. zurück. Eine Sammlung von Holzschnitten und Kupferstichen Albrecht Dürers gehört ebenfalls zu den Schätzen (Mo–Fr 9.30–16.30, Sa bis 15.30 Uhr, teilweise kürzer).

Die ***Cathedral of St. Peter and St. Paul** F soll sich an der

Stelle einer Kirche befinden, die über dem Palast des Publius erbaut wurde, des römischen Statthalters, den der Apostel Paulus zum Christentum bekehrte. Der bereits im 4. Jh. errichteten Kirche folgte ein normannischer Bau (nach 1090), der 1693 dem Erdbeben zum Opfer fiel. Lorenzo Gafà errichtete 1697 bis 1702 die heutige Kirche, wobei er den Chor des alten Baus einbezog. An der monumentalen Doppelturmfassade erkennt man über dem

A Main Gate
B Vilhena-Palace
C Corte Capitanale
D Xara Palace
E Cathedral Museum
F Cathedral of St. Peter and St. Paul
G Palazzo Santa Sophia
H Carmelite Church
I Palazzo Costanzo (Palazzo Notabile)
J Palazzo Falson
K The Knights of Malta
L Banca Giuratale
M Palazzo Gatto-Murina
N Casa Inguanez
O The Mdina Experience
P Neues Stadttor

mittleren Portal die Wappen des Bischofs Palmieri und des Großmeisters Ramón Perellos y Roccaful, in deren Amtszeiten die Kirche entstand (Mo–Sa 9–11.45, 14–17, So 15–16.30 Uhr).

Den barocken, dreischiffigen **Innenraum** schmücken farbige Fresken mit Szenen aus dem Leben der Apostel Paulus und Petrus; die gewaltige Vierungskuppel ist das Wahrzeichen Mdinas. In der Kapelle links vom Hauptaltar kann man ein dem Florentiner Benvenuto Cellini zugeschriebenes Silbertabernakel bewundern sowie eine »Madonna mit Kind« im byzantinischen Stil. Auch die Paulus-Ikone in der Kapelle rechts vom Hauptaltar folgt byzantinischer Tradition. Dem Bau aus normannischer Zeit entstammt das mit geschnitzten Bildfeldern versehene Eichenportal im linken Seitenschiff, das in die Sakristei führt.

Durch die Villegaignon Street

Gegenüber der Kirchenfassade erhebt sich der **Palazzo Santa Sophia** G. Einer Inschrift zufolge stammt das Erdgeschoss aus dem Jahr 1233 und ist somit Mdinas ältester erhaltener poströmischer Gebäudeteil. Die Fenster im Obergeschoss (1938) sind normannischen Vorbildern nachempfunden.

In der **Carmelite Church** H begann 1798 der Aufstand gegen die französische Besatzung, weil Soldaten den Kirchenschatz plünderten. Von außen ist nicht zu erkennen, dass Baumeister Francisco Sammut den Kirchenraum ellipsenförmig gestaltete (1659). Rote Pilaster und Spiralsäulen mit Engelskopfdekor rahmen die Altäre an den Längsseiten.

Gegenüber der Kirche hat ein kleiner Laden die gesamte Palette der maltesischen Ritterutensilien

Norman House

Der ***Palazzo Falson** J in der Villegaignon Street wird wegen seines Dekors auch Norman House (»Normannisches Haus«) genannt. Sein heutiges Erscheinungsbild stammt vom Ende des 15. Jhs., einige Gebäudeteile datieren bereits ins 13. Jh. Die Zwillingsfenster mit den schlanken Säulen sowie die Zackenornamente bezeugen die von Sizilien übernommenen Dekorationsformen der Normannen. Mittelalterliche Atmosphäre strahlt der Innenhof mit dem schönen Brunnen aus.

In der ersten Hälfte des 20. Jhs. war der Palazzo im Besitz des Malers und Gelehrten Olaf Frederick Gollcher OBE (1889–1962). Seine großartige Kunstsammlung wurde der Öffentlichkeit zugänglich gemacht. Für den Rundgang durch die prachtvollen Räume stehen Audioguides zur Verfügung (www.palazzofalson.com, Di–So 10–17 Uhr, Juli–Sept. Sa, So bis 20 Uhr, Einlass bis 1 Std. vorher). Im sympathische **Café** auf dem Dach besticht der Panoramablick über Mdina und Umgebung.

Karte Seite 95

im Angebot, u.a. Schwerter und Rüstungen. Nebenan entstanden im alten **Palazzo Costanzo** (Palazzo Notabile) (I) ein hübsches, obwohl sehr touristisches **Restaurant** (●●), und die Ausstellung **Medieval Times,** die Alltagsszenen aus dem Mittelalter lebendig werden lässt (Mo–Sa 9.30–21.30, So 9.30 bis 20 Uhr).

Die Villegaignon Street mündet auf den **Bastion Square**. Der Blick über die Geländestufe auf Maltas Norden verdeutlicht einmal mehr die exponierte Lage der einstigen Hauptstadt.

Restaurants

Von den **Fontanella Tea Gardens** in der **Bastion Street** oder vom Restaurant **Ciappetti** (**5 St. Agatha's Esplanade,** Di–Sa 12–15 u. 19–22 Uhr, So nur Lunch, ●–●●) genießt man zu feinen Kuchen bzw. italienischen Gerichten einen **herrlichen Ausblick.**

cht gut!

Vom **City Gate** aus lohnt der Bummel durch die **Magazine Street**, wo die mit lebensgroßen Figuren gestaltete Ausstellung **The Knights of Malta** (K) Begebenheiten aus der Ritterzeit nachstellt (Mo–Fr 10.30–16, Sa bis 15 Uhr; Kommentare auch in Deutsch, www.theknightsofmalta.com).

Das Gefühl des arabischen Erbes wird in Mdina nirgends so stark spürbar wie in den von der Villegaignon Street abzweigenden Sträßchen St. Peter, St. Sophia oder Holy Cross Street. Zurück am St. Paul's Square folgt in der Villegaignon Street nach Süden hin die **Banca Giuratale** (L), das Alte Rathaus, das Großmeister Vilhena 1730 errichten ließ. Im **Palazzo Gatto-Murina** (M) vermittelt die Tonbildschau **Tales of the Silent City** ein Bild des alten Mdina (tgl. 9.30–16.30 Uhr).

Mittelalterliche Mezquita Street

Die **Casa Inguanez** (N) an der Ecke Villegaignon und Mezquita Street war Sitz der Statthalter Maltas vor der Ankunft der Ritter. Die Familie Inguanez erhielt von den Königen von Aragón die erbliche Statthalterwürde, und noch heute genießt die spanische Königsfamilie in dem Gebäude Hausrecht. Die originellen Türklopfer in der Mezquita Street sind charakteristische Details, wie man sie an vielen Häusern der Stadt findet.

Türklopfer zieren viele Häuser

Am Mezquita Place wurde in einem maltesischen Palazzo das Multivisionsspektakel **The Mdina Experience** O eingerichtet. Hier kann man Mdinas Geschichte in einer Tonbildschau erleben (auch in Deutsch) – inklusive der Dampflokomotive der 1883 gebauten und 1931 eingestellten Bahnverbindung Mdina–Valletta (Mo–Sa 11–16, So 10.30–14 Uhr). Das alte Bahnhofsgebäude, genannt *Stazzjon,* steht an der Straße nach Mtarfa außerhalb der Stadt. Am Ende der Mezquita Street öffnet sich vom **Neuen Stadttor** P ein Panoramablick auf die Umgebung.

Rabat 11

Rabat entwickelte sich in der arabischen Zeit aus dem Markt, der vor den Toren der Zitadelle stattfand. Durch Ausgrabungen, aber auch durch Zufallsfunde, kennt man mittlerweile die Ausdehnung des römischen *Melita.* Damaligem Brauch gemäß wurden die Toten auf Friedhöfen außerhalb der Stadtmauern beigesetzt. Die frühen Christen schufen ausgedehnte Katakombenanlagen, über die Rabat längst hinausgewachsen ist. Das vermeintliche Gefängnis des hl. Paulus bei seinem legendären Aufenthalt auf Malta im Jahr 60 n. Chr. wurde Anziehungspunkt der Volksfrömmigkeit. Die darüber errichtete große Barockkirche von 1692 passt eigentlich nicht ins mittelalterlich verwinkelte Rabat, wo das Leben in einem ruhigen Takt pulsiert. Nur an den Sonntagen herrscht morgens Trubel; der Straßenmarkt zieht viele Menschen an.

Mosaikfragment in der Domus Romana von Rabat

Domus Romana Q

Am östlichen Ende der Howard Gardens liegt das moderne **Museum römischer Kultur,** dessen Zentrum ein römisches Stadthaus *(domus)* bildet (www.heritagemalta.org/museums.html, tgl. 9 bis 17, letzter Einlass 16.30 Uhr). Die Fundamente gehören zu den wenigen erhaltenen Überresten aus römischer Zeit. Zeitgenössische Geschichtsschreiber berichten von großartigen Tempeln, Palästen, Theatern und Befestigungsanlagen.

Wie die Museumsfassade könnte die Domus Romana, die Villa eines reichen Römers aus dem 1. Jh. n. Chr. (1881 freigelegt), tatsächlich ausgesehen haben. Gleich im Eingangsraum sind Schmuckgegenstände, Haushaltsgerät, Glaswaren und Kleinplastiken ausgestellt. Im anschließenden

Karte S. 86/99

Atrium sieht man Mosaiken sowie Architekturfragmente. Berühmt sind die beiden Mosaikporträts, die eine männliche und eine weibliche Gestalt aus der antiken Mythenwelt darstellen (vielleicht Samson und Dalila). Den hohen Stand der römischen Mosaikkunst belegt auch das Motiv zweier Tauben an einer Wasserschale in der Mitte des Peristyls. Dieser ursprünglich offene Mittelhof wurde mit einigen originalen Säulen rekonstruiert. Ein Nebenraum enthält Funde aus einem arabischen Friedhof, der vom 9. bis 11. Jh. genutzt wurde, darunter ein mit kufischen Schriftzeichen bedeckter Grabstein.

St. Paul's Church R

Lorenzo Gafàs Bau von 1675 steht Wand an Wand mit der **St.-Publius-Kapelle.** Beide bilden zusammen eine Doppelkirche und wurden reich ausgestattet. Ein aus Gold gearbeiteter Arm, zu sehen an der linken Seitenwand der Kapelle, soll eine Reliquie des hl. Paulus enthalten.

Frühchristliche Gräber in den St. Paul's Catacombs von Rabat

Die **St.-Paul's-Grotte,** in der der Apostel Paulus nach seinem Schiffbruch der Überlieferung nach gefangen gehalten wurde, öffnet sich neben der Treppe zur Krypta, wo eine Alabasterstatue des Apostels verehrt wird.

Bemerkenswert ist das **Altarbild,** das die legendäre Geschichte von Paulus und der Schlange darstellt. Demnach wurde der Apostel, der sich nach dem Schiffbruch am Feuer wärmte, plötzlich von einer Schlange gebissen. Paulus schleuderte das Tier ins Feuer und blieb wie durch ein Wunder unverletzt. Damit hatte er die Insulaner schon so gut wie bekehrt.

Wignacourt Museum Ⓢ

Eine große Gemäldesammlung mit Werken aus dem Kreis um Mattia Preti sowie Leuchter, eine Hostienpresse und ein tragbarer Altar aus dem 17. Jh., wie ihn die Ritter auf ihren Galeeren nutzten, zählen zu den Exponaten des Kirchenmuseums.

Im Untergeschoss des ehemaligen Priesterkollegs findet man auch Luftschutzräume aus dem Zweiten Weltkrieg, die sogar eine Verbindung zur St.-Paul's-Grotte hatten (Mo–Sa 10–15 Uhr).

Restaurant

The Grotto Tavern
Parish Square
Tel. 21 45 51 38
In einer Höhle genießt man **feine wie auch deftige Gerichte.** Die französische Note bei der Einrichtung im Stil eines Bistros findet ihr Echo in der Küche. Tgl. mittags und abends ab 19 Uhr, Juli–Sept. So geschl. ●

Echt gu

6 Die Katakomben

Nahe St. Paul's Church, in St. Agatha Street, liegt der Eingang zu den **St. Paul's Catacombs** Ⓣ. Sie sind Teil der frühchristlichen Grabanlagen, die sich außerhalb der römischen Mauern erstreckten und bis zur Ankunft der Araber in Gebrauch waren (www.heritagemalta.org/catacombs.html, tgl. 9–17 Uhr, letzter Einlass 16.30 Uhr, Audioguides verfügbar). Erst 1894 wurden sie freigelegt. Von einem kapellenartigen Hauptraum aus verzweigen sich die unterirdischen Gänge zu den Gräbern. Man unterscheidet acht Gräbertypen; am häufigsten sind Wandnischen *(loculi)* und Bogengräber *(arcosoli)*.

In einer Querstraße der St. Agatha Street liegt der Zugang zu den ***St. Agatha's Catacombs** Ⓤ. Der weitläufige Komplex besteht aus einer Höhlenkirche aus dem 4. Jh., an die sich ein bis heute nicht völlig erforschtes Gewirr von Gängen anschließt. Die Heiligendarstellungen im Hauptraum stammen überwiegend aus dem 14. Jh.; ihre Gesichter wurden 1551 beim Überfall der Korsaren von Djerba zerstört. In den hinteren Gängen sind Malereien biblischer Symbole aus frühchristlicher Zeit (Fisch, Pfau, Wein) zu sehen. Ein siebenarmiger Leuchter, Symbol der jüdischen Religion, lässt darauf schließen, dass auch Nichtchristen hier begraben wurden. Ein Bilderzyklus ist der hl. Agatha gewidmet. Die sizilianische Märtyrerin soll sich um die Mitte des 3. Jh. durch den Aufenthalt in den Katakomben der Ehe mit einem Römer entzogen haben. Bei ihrer Rückkehr nach Sizilien wählte sie den Märtyrertod (nur Führungen: Mo–Fr 9–12 und 13–16.30, Sa 9–12.30 Uhr).

Ausflüge ab Rabat

Ans Meer bei Migra l-Ferha

Zur einzigartigen Bademöglichkeit an der winzigen Bucht Migra l-Ferha gelangt man über **Mtahleb** (ausgeschildert am großen Kreisverkehr im Westen von Rabat). Hat man die Kirche von Mtahleb passiert, hält man sich links und gelangt auf einer guten Serpentinenstraße zu einer Terrasse mit Parkplatz. Zum Badeplatz (nur für sichere Schwimmer, bei ruhigem Meer) steigt man rechts vom Parkplatz durch eine kleine Schlucht – und steht schließlich an der Stelle, wo Roger der Normannenkönig an der »Bucht der glücklichen Landung« die Insel betreten haben soll.

Restaurant

Auf dem Rückweg lohnt sich abends der Abstecher nordwärts (Abzweigung vor einer Allee links) ins Dörfchen **L'Andrijiet** zu **Rogantino's** (auch **Il-Palazz l-Ahmar** genannt). Im **alten Steinhaus mit großer Terrasse** isst man maltesische Küche mit italienisch-französischer Note (**Tel. 21 45 20 03,** Mi–Sa ab 20 Uhr, Sept.–Anf. Juli Mo ab 20 Uhr, So Lunch 12–14.30 Uhr, Reservierung empfohlen, ●●).

Echt gut!

Bingemma Gap

In den Schluchten des Bingemma Gap nordwestlich von Rabat sind Überreste bronzezeitlicher Siedlungen zu finden. Ein prominenter Aussichtspunkt mit herrlichem Panoramablick befindet sich bei der **Kapelle Madonna tal-Lettera** an der Straße in Richtung Mgarr. **Bingemma Fort** (Zufahrt möglich) stammt aus der britischen Kolonialzeit und bot aus der Höhe die perfekte Überwachung der **Dwejra** und **Victoria Lines,** eines gleichfalls britischen Schutzwalls, der sich entlang der *Great Fault,* einer geologischen Verwerfungslinie, bis zur Nordküste zieht.

*Verdala Palace 12

Rund 2 km südlich von Rabat liegt an der Straße zu den Buskett Gardens die ehemalige Sommerresidenz der Großmeister des

Sommerresidenz der Großmeister: der Verdala-Palast

Johanniterordens. Fra Hugues Loubeux de Verdalle beauftragte 1586 Gerolamo Cassar, die Sommerresidenz in Form einer mittelalterlichen Burg mit vier Ecktürmen zu errichten. Die hohen Renaissancefenster aber verleihen den Fassaden eine gewisse Leichtigkeit. Der Palast erhebt sich idyllisch auf dem höchsten Punkt der Insel über den Buskett Gardens. Er wird heute bei Staatsbesuchen genutzt bzw. dient der Regierung als Gästehaus und ist daher nicht zugänglich.

Buskett Gardens

Zu Füßen des Verdala-Palastes breitet sich ein grüner Teppich aus: Die Buskett Gardens mit Steineichen, Orangen- und Zitronenkulturen sowie Weinstöcken sind das größte Waldstück Maltas, das die Großmeister nach der Belagerung 1565 als Jagdrevier anlegen, im 18. Jh. aber umgestalten ließen. Abgezirkelte Rabatten *(parterres)*, die mit zunehmender Entfernung zum Palast in eine eher naturbelassene Landschaft *(bosquet)* übergehen, zieren nach barocker Manier das Terrain. Durch die Anlage ziehen sich bequeme Spazierwege. Vor allem am Wochenende strömen die Malteser mit ihren Familien hierher. Jedes Jahr findet in den Buskett Gardens am 29. Juni (Peter und Paul) das große **Mnarja-Fest** (s. Exkurs › S. 103) statt.

Restaurant

Regen Zulauf hat das Restaurant **The Roadhouse Buskett, Tel. 21 45 42 33, www.roadhousebuskett.eu,** Di–So 10–24 Uhr, Fr, Sa auch länger, So mittags Reservierung empfohlen. ●●

*Cart Ruts von Clapham Junction

Auf einer Anhöhe unweit der Buskett Gardens findet man die wohl eindrucksvollsten Beispiele der rätselhaften Steinrillen, der Cart Ruts, die in dieser Bündelung einzigartig sind. Die zahllosen Rinnen inspirierten die Briten zu der Anspielung auf den Londoner Rangierbahnhof Clapham Junction. Die Steinrillen verlaufen immer wieder paarig mit etwa 1 m Abstand, was vermuten ließ, es handle sich um in den Fels gefräste Spuren von Schleifkarren, mit denen Steine aus nahen Steinbrüchen transportiert wurden. Da sie sich vor bronzezeitlichen Siedlungen bündeln (etwa bei Borg

Karte Seite 86

in-Nadur), aber von punischen Schachtgräbern unterbrochen werden, müssen die Rillen vor etwa 1100 v. Chr. entstanden sein. Neuere Untersuchungen interpretieren sie als Regenauffangsystem, da alle Rillenareale bei Dörfern mit Feldflächen liegen.

Etwas westlich steht **Inquisitor's Palace** (1625), einst Sommerresidenz der Inquisitoren, heute des Premierministers von Malta. Von dort hat man einen schönen Blick auf das **Girgenti-Tal.** Der Palast selbst ist nicht zugänglich, manchmal finden in den Gärten jedoch Konzerte statt. Den höchsten Punkt in der Gegend markiert das **Laferla Cross** (ausgeschildert).

7 *Dingli Cliffs 13

Von den Cart Ruts ist es nur knapp 1 km zu den höchsten Klippen der Insel. Stellenweise jäh ins Meer abfallend, sind die Kalksteinpakete dann wieder in Terrassen aufgelöst, auf denen Ackerbau betrieben werden kann. Gerade dieses Wechselspiel macht eine Fahrt oder einen Spaziergang an der bis zu 300 m hohen Küste so reizvoll.

Gönnen Sie sich an den Dingli Cliffs **ein Picknick, am schönsten bei Sonnenuntergang,** und lassen Sie den Blick über die Landschaft

Echt gut!

Mnarja-Lichterfest

Wenn sich am 28./29. Juni (fast) alle Malteser in den **Buskett Gardens** zum Mnarja-Fest treffen, dann sind alte Traditionen lebendig. Bunte Lämpchen und Laternen schmücken die Bäume und erleuchten die Stände, an denen süße und salzige Köstlichkeiten gebacken werden oder das *Fenkata moqil,* das »trockene« Kaninchen, auf dem Grill schmort. Bis in den frühen Morgen wird getanzt. Wie alt das Fest ist, weiß keiner zu sagen. Schon vor der Ankunft der Ordensritter wurde der Peter-und-Paul-Tag feierlich begangen; für die Landbevölkerung war es ein Erntefest und wichtiges Ereignis, um den richtigen Ehepartner für die Kinder zu finden. Überliefert ist, dass früher die Frauen darauf bestanden im Ehevertrag festzulegen, dass ihr Mann sie jedes Jahr zum Mnarja-Fest führen müsse.

Aus Sizilien stammte vermutlich die Tradition, die Kathedrale von Mdina und die Stadtmauern mit Fackeln und Lämpchen zu schmücken, wie auch der Name des Festes sich vom italienischen *luminaria* ableitet. Der Brauch des Lichterschmucks verbreitete sich dann ab der Mitte des 19. Jh. über die gesamte Insel, als immer mehr Dörfer eine Festa für ihre Schutzheiligen veranstalteten.

Das größte Spektakel sind die **Wettrennen** der jungen Männer auf ungesattelten Eseln und Pferden, über die sich dereinst schon die Ordensgroßmeister amüsierten. Die Rennen finden auf der Straße nach Siggiewi statt, an der noch alte Startpfosten erhalten sind.

schweifen. Kleine Wege führen bis **Mtahleb** › S. 101 im Nordwesten bzw. **Ghar Lapsi** › S. 104 im Osten.

Nahe einer Funkstation steht die **Madalena-Kapelle;** von hier hat man einen herrlichen Blick auf das unbewohnte Inselchen **Filfla,** ein Vogelschutzgebiet.

Siggiewi 14

In dem verschlafenen Städtchen dominiert die riesige **Pfarrkirche** in der Ortsmitte einen weiträumigen Platz (Misrah San Nikolaws). Lorenzo Gafà schuf den Barockbau Ende des 17. Jhs., die Fassade stammt aus dem 19. Jh. Viele Häuser zeigen noch die traditionell kompakte, geschlossene Bauweise der Inseln.

Bei den Fahrten über die Insel sieht man immer wieder Steinbrüche. In Siggiewi zeigt der Museumssteinbruch ***Limestone Heritage** (zahlreiche Wegweiser), wie der Franca genannte Globigerinenkalkstein abgebaut, verarbeitet und beim Hausbau eingesetzt wird. Video und gute Audiotour, auch in Deutsch (www.limestone heritage.com, Mo–Fr 9–15, Sa 9–12, So, Fei bis 11.30 Uhr, Shop, Café, Dinnershows)

Der private Greifvogelpark **Malta Falconry,** am südöstlichen Ortsrand von Siggiewi, steckt noch in den Anfängen. Besucher können dort Stein- und Fischadler, Geier, Bussarde und unterschiedliche Falkenarten teils in großen Volieren und bei Vorführungen beobachten (Erläuterungen nur in Englisch). Vogelschau Di–So Juli–Sept. 11 und 16 Uhr, Okt.–Juni 11 und 14 Uhr.

*Ghar Lapsi 15

Vorbei an Steinbrüchen und einer Meereswasserentsalzungsanlage führt die Straße vom Hauptplateau hinunter an die Südküste nach Ghar Lapsi. So stellt man sich einen Seeräuberunterschlupf vor: Eine kleine runde Felsbucht in der Steilküste, eine schmaler Ausgang zum offenen Meer hin und auf der Landseite eine bessere Hühnerleiter, die aus dem Gestein gehauen ist. Nur eine Handvoll kleinere Schiffe haben hier Platz. Mühsam müssen sie über eine steile Rampe an Land gezogen bzw. ins Wasser gelassen werden. Vor allem an Sommerwochenenden wirkt der **Felsenpool** wie eine kleine Badeanstalt, rundherum breiten maltesische Familien ihre Handtücher auf dem Felsplateau aus. Am Hafen selbst serviert eine winzige Bar Getränke. Taucher werfen zumindest einen Blick in das Höhlensystem in Ufernähe.

Echt gut

Restaurant

■ **Blue Creek**
Ghar Lapsi][Tel. 21 46 28 00
Bei mediterraner Küche genießt man von der schönen Terrasse das Panorama. Tgl. außer Di 12–16, 19–22.30, Sa, So durchgehend, je nach Betrieb. ●●

■ **Ta'Rita**
oberhalb des Parkplatzes
Schlichtes Restaurant für ein Mittagessen auf der Terrasse. ●–●●

8 Hagar Qim und Mnajdra 16

Die beiden Steinzeittempel liegen imposant auf der Steilküste über dem Meer. Beide Anlagen sind tgl. 9–17 Uhr geöffnet, letzter Einlass ist um 16.30 Uhr, Sonderöffnungen gibt es zur Tagundnachtgleiche (www.heritagemalta.org). Für die beiden Tempel gibt es ein vergünstigtes **Site Ticket.** Ein Restaurant mit schattiger Terrasse, das einzige weit und breit, liegt beim Parkplatz für die beiden Tempel.

Ein Tempelraum von Hagar Qim

**Hagar Qim

Die Tempelanlage ist fast vollständig von einer Ringmauer umgeben, aus der drei mächtige »stehende Steine« herausragen. Sie gaben der Anlage den Namen. Entdeckt und ausgegraben wurde Hagar Qim ab 1839, wobei interessante Funde wie die »Venus von Malta« ans Tageslicht kamen (heute im Archäologischen Nationalmuseum in Valletta, › S. 59).

In ihrer Monumentalität beeindruckt die **Eingangsfassade:** riesige vertikale Steinblöcke, auf die schmalere Platten geschichtet sind. Ein Korridor führt ins Innere, das aus sechs größeren ovalen Kammern besteht. Dort sieht man u.a. Anbindelöcher für Opfertiere. Eine Besonderheit stellen die pilzförmigen **Altäre** dar: Ihr erhöhter Rand sollte das Abfließen des Opferbluts verhindern.

Auf der Ostseite der um 2800 v. Chr. entstandenen Anlage findet sich der größte Stein der Tempelbauten Maltas: 6,40 m lang, 3 m breit und 0,60 m dick, ca. 57 t schwer. Am südwestlichen Eingang sind an der inneren Mauer die Füße und Waden von zwei Figuren als Flachrelief zu erkennen – Reste von monumentalen Darstellungen der großen Muttergöttin (*Magna Mater*).

Die Tempel von **Mnajdra

Etwa 500 m südwestlich von Hagar Qim liegen die drei Tempel von Mnajdra. Sie datieren in die Ggantija-Phase. Der – wohl falsch rekonstruierte – östliche Tempel soll der älteste sein (ca. 3800 v. Chr.), die südliche Anlage ist die zweitälteste, der mittlere Tempel der jüngste.

Der Südtempel hatte eine Art Kalenderfunktion und ist nach

astronomischen Aspekten ausgerichtet: Zur Tagundnachtgleiche im Frühjahr und Herbst beleuchten die Sonnenstrahlen rituelle Punkte im Tempel.

In der ersten Kammer ist eine Nische mit Bohrungen in **Punktornamentik** verziert. In einer Kammer der Außenmauer rechts vom Eingang ist ein schöner **Säulenaltar** erhalten; die kleinen Öffnungen zum Hauptraum werden als sog. Orakellöcher gedeutet, durch die die Priester gesprochen haben sollen.

Technik der Tempelbauer

Die Riesen, die mit leichter Hand die Tempel erbauten, gehören längst in Reich der Legenden. Wie aber haben die Menschen der Vorzeit die unermesslich schweren Steine bewegt und bearbeitet?

Transportiert wurden die Blöcke auf Schlitten aus Holz oder über Steinkugeln – die man bei den Tempeln noch heute sieht. Um sie senkrecht aufzustellen, baute man um das Erdloch, das sie aufnehmen sollte, zwei Rampen aus Erde, auf denen die Blöcke mittels Rollen und Seilen hochgezogen und aufgerichtet wurden. Nach dem gleichen Prinzip hievte man auch die Deckplatten in die Höhe.

Bearbeitet wurde der relativ weiche heimische Kalkstein mit dem härteren, aus Lipari und Pantelleria importierten Obsidian, der bestens geeignet war, Oberflächen zu glätten und feine Reliefarbeiten durchzuführen.

Blue Grotto 17

Jeweils 1,5, km sind es von den Tempelanlagen Hagar Qim/Mnajdra, von Qrendi oder Zurrieq zur berühmten Bucht des Wied iz-Zurrieq. Die schmale Straße führt über karge Felshänge zu einem Parkplatz oberhalb der Küste. Von einer kleinen Bucht schippern bunte Fischerboote mit acht bis zehn Personen in die Blue Grotto am Fuß mächtiger Klippen: Kristallklares, türkisblau schimmerndes Wasser und die Farbenspiele des Lichts zeichnen diese Naturschönheit aus. Dabei kann man sogar **zwischen zwei Felsen wie in einem Pool schwimmen.** Die Bootsfahrt dauert ca. 25 Min. (Nur bei ruhiger See bzw. schönem Wetter, bis ca. 16.30 Uhr) Schlichte Bars und Restaurants sorgen für das leibliche Wohl.

Echt gut

Zurrieq 18

In diesem Städtchen lebte der aus Kalabrien stammende Maler Mattia Preti (1613–1699) 30 Jahre lang. Sein Meisterwerk sind die Gewölbemalereien in St. John's Co-Cathedral in Valletta (› S. 60), doch malte er auch zwei Altargemälde in der **Pfarrkirche**.

Am ersten Septemberwochenende findet in Zurrieq die **Festa** statt. Wer in dieser Zeit auf Malta ist, sollte sie nicht verpassen. Die Feierlichkeiten und Feuerwerke gehören zu den schönsten im Archipel (› Special S. 46).

Echt gut

Karfreitagsprozession in Zejtun

Der Osten

Nicht verpassen!

- Fischessen im »La Spigola« mit Blick auf die Marsaskala Bay
- Das Bild der bunten Fischerboote im Hafen von Marsaxlokk
- Baden am Peter's Pool, Maltas traumhafter Felsbucht auf der Delimara-Halbinsel
- Sonntags über den Markt von Marsaxlokk schlendern

Zur Orientierung

Die »Schlafende Frau« aus dem Hypogäum ruht jetzt im Archäologischen Museum in Valletta

Auch im Südosten des Grand Harbour setzt sich das Häusermeer von Valletta in einer unübersichtlichen Folge von Vororten fort, in denen viele Beschäftigte des Hafens und der davon abhängigen Wirtschaftszweige wohnen. Wenig dramatisch wirkt die leicht wellige Landschaft, hier fährt man durch altes Bauernland. Zwischen dem Zonqor Point im Norden der **Marsaskala Bay** und **Kalafrana** gliedert sich die Küste in viele Buchten. Das Fischerstädtchen **Marsaskala** bemüht sich sehr um eine gepflegte Promenade, denn die Malteser fahren gerne für ein gutes Fischgericht in den Ort oder bummeln am Wasser entlang. Sonntags allerdings steht das bunte Angebot des Marktes in **Marsaxlokk** auf dem Programm.

Die kulturellen Höhepunkte führen zurück in die Vorzeit, in das unterirdische Tal eines Flusslaufs, der inzwischen als Höhle zugänglich ist, und in einen Tempel, dessen Aufbau und Reliefschmuck exakt dem anderer neolithischer Kultstätten über der Erde entspricht: das **Hypogäum von Hal Saflieni**. Die nahe **Tempelanlage von Tarxien** beeindruckt durch ihre Tierreliefs.

Touren in der Region

Tief hinab in die graue Vorzeit

8 Valletta/Floriana › Paola › Tarxien › Ghar Dalam › Marsaxlokk

Dauer: Je nach Aufenthaltsdauer in den Tempeln 1/2–1 Tag; insgesamt 25 km

Praktische Hinweise: Mit dem Mietwagen ist man unabhängiger, aber per Bus kommt man gut nach Paola/Tarxien und weiter zur Küste. Die Orte liegen auch auf der Südroute des Sightseeing-Busses (Startpunkt Sliema oder Zustieg in Valletta). Der Besuch im Hypogäum muss für einen bestimmten Tag und eine feste Uhrzeit über das Internet vorgebucht werden – in der Hauptsaison Wochen vorab. Kurzfristig erhält man bestenfalls Tickets in einigen Museen (› S. 111).

Verborgen in der Erde liegen die größten Schätze des Inselostens zwischen Grand Harbour und der weiten Marsaxlokk Bay: die über mehrere Stockwerke reichende unterirdische Kultstätte des ***Hypogäums von Hal Saflieni › S. 110 und die urzeitliche Höhle ***Ghar Dalam mit Museum** › S. 114 bei Birzebbuga, wo Tausende Knochen von Großtieren freigelegt wurden. Nur in den megalithischen ****Tempeln von Tarxien** › S. 111 lässt die Sonne die Reliefs im rechten Licht erscheinen. Ab Valletta/Floriana sind die Sehenswürdigkeiten selbst für Nutzer des Busnetzes gut und bequem im Rahmen einer Tagestour zu erreichen, die mit einem Abstecher in den pittoresken Fischerhafen von ***Marsaxlokk** › S. 113 abgerundet werden kann.

Von Hafen zu Hafen wandern

(9) Marsaskala › Delimara Point › Marsaxlokk (› Ghar Dalam)

Dauer: 14 km, ca. 3 1/2 Std. Es besteht die Möglichkeit, unterwegs abzukürzen, aber dann entgeht einem die Delimara-Halbinsel. Wer in Marsaxlokk noch genügend Energie hat, kann 3 km bis Ghar Dalam weiterlaufen.
Praktische Hinweise: Gute Busverbindungen ab Valletta/Floriana nach Marsaskala bzw. ab Marsaxlokk. Auch an der Höhle Ghar Dalam halten die Busse nach Valletta. Festes Schuhwerk und Getränke sind wichtig. Unterwegs Bademöglichkeit. Sonntags Hauptmarkt in Marsaxlokk.

Beginnend im Zentrum von **Marsaskala** › S. 112 oder am Hotel Jerma Palace, ruft sich gleich die Ritterzeit ins Gedächtnis. 1614/15 wurde **St. Thomas Tower** nach einem türkischen Angriff auf Zejtun erbaut. Vorbei an alten Salzpfannen umrundet man **St. Thomas Bay** › S. 112. Zur Landspitze **Il-Munxar** führt nur eine Stichstraße, an deren Ende man von den Klippen auf die anbrandenden Wellen blickt. Nach der Kapelle St. Pawl hält man sich weiter links – Vorsicht: Manche noch so reizvollen Steilfelsen haben gefährliche Überhänge!

Ein Bad in **Peter's Pool** › S. 114 erfrischt und macht Laune, die schöne **Delimara-Halbinsel** ganz zu umrunden, vorbei am alten Leuchtturm und dem Fort, wo eine kleine Bucht das Baden ermöglicht. Die Kulisse des Containerhafens Kalafrana im Westen und das Delimara-Kraftwerk lassen keinen Zweifel, dass man im Zeitalter der Technisierung angekommen ist – auch in diesem verschlafenen Winkel Maltas. Hunderte fröhlicher Augen blinzeln von den bunten *Luzzu*-Booten und begrüßen die Wanderer im Treiben des Hafens von **Marsaxlokk** › S. 113.

Unterwegs im Osten

9 ***Hypogäum von Hal Saflieni 19

Von Valletta aus der Beschilderung nach Paola und zum Hypogäum folgend, wird man den unauffälligen Eingang zu der unterirdischen Anlage finden.

Die Kultstätte wurde in der Jungsteinzeit rund 10 m tief in den Kalkstein gehauen und erst 1902 entdeckt. In Teilen ist sie 5400 Jahre alt – und heute UNESCO-Weltkulturerbe. Der kultische Grundgedanke des unterirdischen Labyrinths wurzelt in der Vorstellung, dass die Lebens- und Wachstumskräfte aus der Erde kommen. In Heiligtümern im Erdinneren ist die Nähe der diese Kräfte verkörpernden *Magna Mater*, der Großen Mutter, am stärksten erlebbar. Der Ritus war mit dem Zyklus der Jahreszeiten und der Fruchtbarkeit verknüpft. Da im Hypogäum die Votivfigur der »Schlafenden Frau« gefunden wurde (jetzt im Archäologischen Museum in Valletta, › S. 59), nimmt man an, dass Priesterinnen hier in Trance weissagten. Damit scheint eine Funktion als Grablege nicht vereinbar – die freigelegten Skelette lassen daher annehmen, dass das Hypogäum zunächst als Kultstätte und erst später als Grabstätte diente.

Das erste Untergeschoss ist das älteste (4100–3600 v. Chr.) und weist grabähnliche Strukturen auf; in den hinteren Höhlen lagerten noch Knochenreste. Im zweiten Stock (3600–2500 v. Chr.) fanden die Fruchtbarkeitskulte statt, die in allen frühen Agrargesellschaften praktiziert wurden; die zahlreichen Funde weiblicher Statuetten stützen diese These. Spuren von rotem Ocker an den Wänden stellen das Symbol für Blut und Leben dar. Die relativ großen Räume zeigen spiralförmige Dekorationen; im hinteren Teil haben die Steinmetze eine

Symbolhafte Kunst der Vorzeit

Gleich hinter der Tempelfassade von Tarxien steht der Torso einer überdimensionalen, wahrscheinlich weiblichen Figur, die an die 3 m hoch gewesen sein muss. Die Verehrung der fruchtbaren Muttergöttin stand im Mittelpunkt des Kults. Die Dekorationen an Wänden und Altären zeigen häufig Spiralmotive, Symbole für Zeit und Ewigkeit; die Tierfriese stehen in Zusammenhang mit den Opferritualen. Die Steinmetzarbeiten – sowohl die Reliefs als auch die Bearbeitung der Steinplatten für den Tempelbau – zeugen von der hohen Kunstfertigkeit der Handwerker.

Karte Seite 86

Im Inneren des Hypogäums von Hal Saflieni

oberirdische Tempelfassade kunstvoll in den Fels gemeißelt. Vor allem als Getreidespeicher diente der dritte Stock (3300–2500 v. Chr.). Eine »Stolpertreppe«, die plötzlich über einer Fallgrube abbricht, und ein langer Gang führen zu den Vorratskammern.

Info

Das Hypogäum kann nur im Rahmen von Führungen besichtigt werden. Die Reservierung bzw. der Kauf einer Eintrittskarte ist vor Ort während der Sommersaison mindestens eine Woche im Voraus erforderlich. Führungen tgl. 9–16 Uhr, nicht 12 Uhr; Kinder erst ab 5 Jahren. Vorbestellung online www.heritagemalta.org/maltashop.html, Ticketverkauf auch im Archäologischen Nationalmuseum in Valletta › S. 59, auf Gozo bei den Ggantija-Tempeln und im Archäologischen Museum in Victoria › S. 132; www.heritagemalta.org/hypogeum.html.

**Tempel von Tarxien 20

Etwa 1 km vom Hypogäum entfernt befinden sich die Tempel von Tarxien. Entstanden zwischen 3800 und 2200 v. Chr., ist die Anlage die am besten rekonstruierte auf Malta. Drei große Tempel mit verwirrenden Nebenräumen gehen ineinander über. Von der ursprünglichen Bedachung der Anlage ist nichts erhalten. Ösen im Stein dienten als Halterungen für Türen oder Vorhänge, im Eingangsbereich zum Anbinden der Opfertiere. Reste eines Tonkessels weisen auf den Opferritus hin, Bohrungen in Bodenplatten dienten vermutlich für Trank- und Ölopfer. Abgesehen von den Opferriten wurden die Kammern auch für Meditationen und für Orakel gebraucht. Sehens-

Tempel von Tarxien mit Spiralmotiv

wert sind die feinen Bildhauerarbeiten (› Exkurs S. 110).

Der Komplex mit der Fläche von 0,42 ha wurde in der Bronzezeit unter neuen Zuwanderern zum Urnenfeldfriedhof. Brandspuren aus dieser Zeit finden sich im dritten Tempel. Die Originalfunde bewahrt das Archäologische Museum in Valletta › S. 59; auf dem Gelände stehen Kopien (www.heritagemalta.org/tarxien temples.html, tgl. 9–17 Uhr, letzter Einlass 16.30 Uhr).

Zabbar 21

Kommt man aus Richtung Tarxien/Valletta, empfängt den Besucher am Ortseingang der **Hompesch Arch,** eine Ehrung für den letzten Ordensgroßmeister Ferdinand von Hompesch (1797–1798). Er hatte Zabbar, heute mit ca. 15 000 Einwohnern die fünftgrößte Stadt Maltas, die Stadtrechte verliehen. Hompesch, mit dem erstmals ein Deutscher zum Großmeister gewählt wurde, musste schon ein Jahr nach seinem Einzug in den Großmeisterpalast das von Napoleons Flotte belagerte Malta an die Franzosen übergeben. Das Ende des Ordensstaats war damit besiegelt. Immerhin ersparte Hompeschs rasche Kapitulation den Maltesern sinnloses Blutvergießen und die Zerstörung historischer Bauten.

Die **Pfarrkirche *Ta Grazzia** ist ein Schmuckstück maltesischen Barocks. Der Grundbau stammt von Tommaso Dingli (1591–1666); ihr heutiges Aussehen erhielt die Kirche 1737 durch die prächtige Fassade von Giovanni Bonavia (Bild › S. 112).

Marsaskala 22

Die Mündung eines nur temporär wasserführenden Baches schuf gute Voraussetzungen für die Anlage eines Hafens: Marsaskala. Alte Terrassenkulturen zwischen Feldmauern umgeben den Ort, der für die Malteser zwei Anziehungspunkte besitzt: die beliebte **St. Thomas Bay** und die **Promenade,** denn dort bzw. in unmittelbarer Nähe versammeln sich zahlreiche Restaurants, Imbissbars und Straßencafés.

Weniger idyllisch wirkt die Agglomeration der Apartmenthäuser rund um den **St. Thomas Tower** (1614) und das Jerma Palace Hotel, die einzige große Hotelanlage an der mit Unterkünften ohnehin sehr spärlich ausgestatteten Ostküste.

Karte Seite 86

Restaurants

La Spigola

Zonqor Point Street
Tel. 21 63 42 88
Eine feine Fischkarte à la Italien, ferner zartes Lamm und Kalbfleisch. Im Sommer Plätze im Freien mit Blick auf die Bay. Nur abends geöffnet, Di geschl. ●●●

Grabiel

1 Misrah Mifsud Bonnici
Tel. 21 63 41 94
Ein hervorragendes Fischrestaurant; für manche Einheimische das beste der Insel und entsprechend beliebt und besucht. Reservierung empfohlen. So geschl. ●●–●●●

Fishermen's Rest

St. Thomas Bay
Tel. 21 82 20 49
Eine Institution der Schlichtheit in Marsaskala. Nicht für Fischliebhaber allein, die Küche brät auch saftige Filetsteaks; ein sicherer Tipp ist die Fischsuppe. So geschl. ●●

Tal-Familija

Triq tal-Gardiel
Tel. 21 63 21 61
Familiär und authentisch, wie schon der Name verrät. Mo geschl. ●●

La Favorita

Triq tal-Gardiel
Tel. 21 63 41 13

Hafenidylle in Marsaxlokk

Das schlichte Interieur ist ganz nach dem Geschmack vieler Malteser, denn man konzentriert sich gerne auf den frischen Fisch und weitere Köstlichkeiten aus den Netzen der einheimischen Fischer. Hervorragende Fischsuppe. ●–●●

*Marsaxlokk 23

Der **Hafen** mit den bunten Luzzu-Booten, den gelben Sandsteinfassaden und der **Doppelturmkirche** ist ein maltesisches Pflichtfotomotiv. Marsaxlokk ist das hübscheste Fischerdorf der Insel und der Hafen der größten Fischereiflotte im Archipel. Die türkische Flotte ging 1565 bei der

Maltas schönster Markt

Täglich ist an den Hafenkais von **Marsaxlokk** Markt. Und wer samstags den Ladenschluss verpasst hat, kann sich hier sogar am Sonntag bis ca. 15 Uhr eindecken. Natürlich mit Fisch direkt vom Boot, zum Beispiel Thun- und Schwertfisch. Auch alle anderen Lebensmittel sowie Kleidung, Haushaltswaren oder Souvenirs haben die Händler an der langen Budenstraße im Angebot. Die frisch eingelegten Kapern, eine maltesische Spezialität (› S. 50), sollte man auf alle Fälle mitnehmen.

Bade-Idylle auf der Halbinsel Delimara

Großen Belagerung Vallettas in der Marsaxlokk Bay vor Anker. 1798 nutzten die Franzosen die leicht zugängliche Bucht, um von der Landseite gegen Valletta vorzudringen. Vom Fort St. Lucian aus, rechts oberhalb der Bucht, wehrten sich die Malteser aussichtslos gegen die Übermacht.

Echt gut!

An **Peter's Pool,** dem **schönsten Felsbadeplatz auf der Halbinsel Delimara,** wird es auf den hellen Kalksteinplateaus am Wochenende zwar gehörig voll, aber in dem klaren Wasser zu schwimmen ist schlichtweg herrlich. Ab Marsaxlokk ist man dorthin etwa 40 Min. zu Fuß unterwegs.

Restaurant

Is-Sajjied
Xatt is-Sajjieda][Marsaxlokk
Tel. 21 65 25 49
An der Landspitze sitzt man angenehm auf der großen Terrasse mit Blick aufs Wasser; die Küche bietet vornehmlich Fisch und Nudelgerichte. Tipp: *Polipo alla Maltese* (mit Tomatensauce).
Sa mittags, So abends geschl. ●●

*Ghar Dalam 24

An der Straße zwischen Paola/Tarxien und **Birzebbuga** liegt die über 200 m lange vorgeschichtliche »Höhle der Finsternis«, geschaffen von einem unterirdischen Flusslauf. In der oberen Schicht entdeckte man Menschen- und Tierskelette, die bis in phönizische Zeit zu datieren sind. Die zweite Schicht aus der Jungsteinzeit (5200–4500 v. Chr.) enthielt Keramik mit Tierornamenten, importierten Obsidian aus Lipari und Pantelleria sowie Reste von Haustieren und Nutzpflanzen. In der dritten Schicht fanden sich tertiäre Versteinerungen von Tieren (Hirsche, Nilpferde, Bären, Wasservögel, Zwergelefanten), die hier lebten, als Malta Teil der Landbrücke zwischen Europa und Afrika war. Die Funde sind in einem kleinen Museum ausgestellt (www.heritagemalta.org, tgl. 9–17, letzter Einlass 16.30 Uhr).

Zejtun 25

Marsaxlokk Bay, das Einfallstor für die Eroberer Maltas, bestimmte auch das Schicksal dieses Dorfes. Zejtun bedeutet »Oliven« und so verwundert es nicht, dass Archäologen in einer römischen Villa im Ort eine Ölpresse entdeckten. Das kleine Zentrum überrascht mit malerischen Winkeln und Sträßchen, über denen sich imposant die **Pfarrkirche St. Catherine's** erhebt. Sie gilt als der schönste Bau des maltesischen Baumeisters Lorenzo Gafà (1630 bis 1704). Die gewaltige Kuppel konnte erst 1907 nach Originalplänen vollendet werden.

Die Straße an der linken Seite der Pfarrkirche führt aus dem Ort hinaus (in Richtung Südosten); wo sie sich absenkt, steht die schlichte ***St.-Grigor-Kapelle,** eine der ältesten maltesischen Dorfkirchen (1436). Der vorgesetzte Riegel mit Resten eines Wehrgangs erinnert an die Gefahren durch die Invasoren von See her. An beiden Seiten sind vermauerte Türen zu entdecken. Den Haupteingang bildet ein Renaissanceportal aus dem 17. Jh.

*Ta' Bir Miftuh 26

Auf dem Weg von Zejtun über Ghaxaq zum Flughafen zweigt etwa 500 m vor dem großen Kreisverkehr nach links ein Feldweg zu der Kapelle **Santa Marija Ta' Bir Miftuh** ab. Dieses Kirchlein auf einem rechteckigen Grundriss stammt aus dem 15. Jh. und diente einst als Pfarrkirche. Sie gehört zu den kleinen künstlerischen Kostbarkeiten der Insel. Die Fassade wird von einem feingliedrigen Glockenstuhl mit Weltkugel und Kreuz bekrönt. An ihrer rechten Seite ist ein normannisches Portal erhalten mit einem Sonnenrad am linken Abschluss. Das Fresko des »Jüngsten Gerichts« im Innenraum wird auf das 16. Jh. datiert. Jedes Jahr finden in der Kirche die Konzerte des **Bir Miftuh International Music Festival** statt. Geöffnet ist die Kirche am 1. So im Monat 9.30–12 Uhr und nach Vereinbarung. (Infos, auch zum Festival bei Din l-Art Helwa › S. 56).

Ende des Kalten Krieges

Über Birzebbuga würde ein Brite berichten: »Nothing to write home about.« Doch eine historische Notiz ist es wert: Am 23.12.1989 trafen sich auf einem Kreuzer in der Marsaxlokk Bay George Bush (USA) und Michail Gorbatschow (UdSSR), deren Gespräche seinerzeit das Ende des Kalten Krieges einleiteten. Ein Denkmal an der Küstenstraße erinnert daran.

Der Nordwesten

Nicht verpassen!

- Kaninchenessen in Mgarr
- Badeausflug zur Gnejna Bay
- Festa in Mellieha um den 8. September
- Spaziergang vom Red Tower zur Steilküste bei Ras il-Qammieh
- Ausflug zur Blue Lagoon vor Comino
- Picknick oder Abendessen in der Mistra Bay mit Blick auf das Lichtermeer von Bugibba

Karte Seite 86

Zur Orientierung

Maltas Nordwesten ist landschaftlich wie auch kulturell eher unspektakulär, dafür ist es die Region der Sandstrände – der längste unter gut einem halben Dutzend ist **Mellieha Bay**. Da die Einheimischen vor allem an den Sommerwochenenden gerne das Strandleben genießen, ziehen sich sonntagabends lange Blechschlangen aus Richtung **Marfa Ridge** wieder gen Süden. Nördlich der **Salina Bay** hat sich der Fischerort **Bugibba** zusammen mit dem neueren **Qawra** zum größten Touristenzentrum der Insel entwickelt. **Mellieha** döst hoch oben über der Bay im Schlummer der Provinz, nicht anders das kleine **Mgarr,** eines der besten Ziele, um herzhaft deftig Kaninchenbraten zu schlemmen.

Ideales Terrain zum Biken und Wandern sind die vielen Sträßchen und Wege des Nordwestens – nur nicht in den heißesten Zeiten, da jeglicher Schatten fehlt. Die **Naturreservate,** bisher waren es **Il-Ghadira** (Mellieha Bay) und **Simar** (St. Paul's Bay), erhielten 2007 beträchtlichen Zuwachs durch den **Nationalpark Il-Majjistral** im Gebiet nördlich der Golden Bay. Und **Cirkewwa** ist nicht nur Fährhafen für Gozo, sondern auch Startpunkt vieler Ausflugsboote zur **Blue Lagoon** vor **Comino**.

Blue Lagoon, Comino

Touren in der Region

Stille und Trubel im hohen Norden

(10) Bugibba › Mellieha › Mellieha Bay › Il-Ghadira-Vogelschutzgebiet › Red Tower › Rdum tal-Madonna › Armier Bay › Ras il-Qammieh › Mellieha Bay

Dauer: Mit Badestopp 1 Tag
Praktische Hinweise: Mit dem Bus Nr. 50 kommt man zwar im Sommer bis zur Armier Bay, zur südöstlichen Spitze der Marfa-Halbinsel dann aber nur zur Fuß, ebenso wie zu den Steilfelsen im äußersten Westen. Wer also bequem unterwegs sein möchte, braucht ein Auto.

Bugibba und das Touristenzentrum an der **St. Paul's Bay** › S. 120 ist lediglich Startpunkt für die Tour – nur Autofreaks sollten Zeit für das Oldtimer-Museum in **Qawra** › S. 120 reservieren.

Von der Umgehungsstraße bei **Mellieha** › S. 121 lohnt sich dagegen der Abstecher in die Ortsmitte, und zwar zum Kirchplatz: des schönen Ausblickes wegen und um die Höhlenkirche Santa Marija und eventuell das Tunnelsystem aus dem Zweiten Weltkrieg zu besichtigen.

Über nahezu einen Kilometer erstreckt sich die flache Sandbucht der **Mellieha Bay,** ideal für viele Wassersportarten. Vom Herbst bis ins Frühjahr hinein ist **Il-Ghadira** › S. 122 für Vogelfreunde ein Anlaufpunkt. Mit einem Blick zurück startet man vom **Red Tower** › S. 123 zur Fahrt auf die teils karge, teils landwirtschaftlich intensiv genutzte Halbinsel im Osten. Die Straße endet am **Kap Rdum tal-Madonna** › S. 123 – wo man bei extrem guter Sicht am nördlichen Horizont Sizilien erkennt. Die sandige **Armier Bay** › S. 124 lädt in Saisonzeiten zum Bad in der Menge, das Kap **Ras il-Qammieh** am westlichen Ende der Halbinsel zu stillen Minuten in einsamer Naturlandschaft. Dorthin führt eine schmale Holperstraße (2 km) am Red Tower vorbei. Beeindruckend ist der Blick von der Kante des im Süden 100 m steil abfallenden Felsplateaus.

Popeye Village an der Anchor Bay

Von Bucht zu Bucht im Westen

(11) St. Paul's Bay › Pwales Valley › Golden Bay/Ghajn Tuffieha › Popeye Village/ Anchor Bay

Dauer: Mit Badestopp 1 Tag
Praktische Hinweise: Nur als Einzelziele sind Ghajn Tuffieha/Golden Bay bzw. Popeye Village gut mit dem Bus zu erreichen, nicht aber in der Kombination. Mit dem Fahrrad muss man von der Golden Bay aus über Manikata zur Mellieha Ridge – mit etwa 140 Höhenmetern – stramm hinaufstrampeln und rollt dann auf einer schnurgeraden Schotterstraße zur Anchor Bay meerwärts, den Paradeblick auf das postkartenbunte Pseudo-Piratendorf als Belohnung. Wieder gewährt das Auto optimale Unabhängigkeit für die Tour.

Das **Pwales Valley** verdankt vor allem der Bajda Ridge den Schutz vor kalten Nordwinden, während die Wardija Ridge als Kulisse im Süden aufragt. Über knapp 5 km zieht sich das landwirtschaftlich intensiv genutzte Tal von **St. Paul's Bay** › S. 120 zur weiten, sandigen ***Golden Bay** › S. 125, die seit dem Neubau des Großhotels mit zunehmend mehr Wassersportattraktionen aufwartet. Nicht so die ruhigere goldene Sandsichel von ***Ghajn Tuffieha** › S. 125 mit einem steilen Fußweg als Zugang. Für jeden Geschmack findet sich hier also der passende Strand. Die Route über Manikata zur Umgehungsstraße bei Mellieha bietet weite Ausblicke über den Nordteil der Insel. **Popeye Village** (› Special S. 19) mit seinem Wasserpark begeistert in erster Linie Kinder, wobei der Blick von Süden her auf die Bucht – die Klippen und die bunten Filmkulissen-Häuschen unmittelbar am Ufer – bei gutem Wetter schon einen Abstecher wert ist. Und Baden ist am einfachen Kai am Südufer ebenfalls möglich.

Türme und Strände

(12) Mgarr › Gnejna Bay › Ghajn Tuffieha › Golden Bay › Anchor Bay › Mellieha Bay

Dauer: Mit Badestopp 1 Tag. Die Wanderung ist bis zur bzw. ab der Golden Bay auch gut teilbar.
Praktische Hinweise: Nach Regenfällen ist auf dem ersten Abschnitt ab Gnejna Bay wegen der dann rutschigen Felsen Vorsicht geboten. Mgarr als Ausgangspunkt wie auch Anchor Bay und Mellieha Bay am Ende der Tour haben ausgezeichnete Busverbindungen. An der Golden Bay kann man sich unterwegs in einem Café stärken. Wer Lust auf Kaninchenessen in Mgarr hat (sonntags besser reservieren), kann die Tour am späten Vormittag beginnen und sie, je nach Tempo, in Golden Bay beenden.

Mgarr › S. 126 ist tiefstes Hinterland und dennoch inselweit bekannt für seine auf Kaninchen spezialisierten Restaurants. Vom strahlenden Kirchplatz folgt man den Wegweisern hinunter zur lebhaften ***Gnejna Bay** › S. 126. Hoch über den sandgelben Klippen wacht der **Lippija Tower** über den schmalen Pfad am Wasser entlang und über eine Felsnase zum Strand ***Ghajn Tuffieha** › S. 125, von dessen Nordkante der nächste Turm aus der Ordenszeit grüßt.

An der ***Golden Bay** › S. 125 beginnt der **Nationalpark Il-Majistral** › S. 125. Zunächst ein kurzes, unwirtliches Stück am Zaun des Hotels Golden Sands entlang, dringt man bald in die Einsamkeit der Küstenlandschaft vor, folgt der Kante der steil zum Meer abbrechenden Felsen oder schmalen Pfaden nordwärts. Ca. 2 km weiter bietet abermals ein Bauwerk militärischen Zwecks willkommene Orientierung: **Ghajn Snuber Tower**. Eine niedrige Garrigue-Vegetation überzieht hier das Felsplateau, gelegentlich sieht man noch Reste der typischen *girnas*, der Steinhütten der Bauern in Form von Bienenkörben. Im Osten die Skyline von Mellieha, wandert man nun an der Küste entlang oder etwas landeinwärts des Towers auf einer Schotterpiste beständig bergab zur **Anchor Bay**, zwischen steilen Felsen hindurch das letzte Stück bis zum Wasser – jenseits der Bucht die Filmillusion **Popeye Village** (› Special S. 19). Nahe dem Eingang oben auf dem Plateau beginnt der letzte Wegabschnitt in Richtung Norden, es sei denn, man nimmt hier die direkte Straße (oder den Bus) zur **Mellieha Bay**. In der Senke ist schon das Vogelreservat **Il-Ghadira** › S. 122 zu erkennen. Vorher schwenkt der Weg rechts zur Mellieha Bay – im Blick hoch oben auf der Marfa Ridge der letzte Turm: **Red Tower** › S. 123.

Unterwegs im Nordwesten

Bugibba 27 und St. Paul's Bay

Es waren die Ordensritter, die in der **Salina Bay** die Salzgewinnung durch die Verdunstung von Meerwasser begannen. Heute stehen die Salinen als zukünftiges Vogelreservat in der Planung.

Die Bucht liegt am Rand von Maltas größtem Touristenzentrum. Auf der **Halbinsel Qawra,** wurde in wenig mehr als zehn Jahren eine Ferienstadt hochgezogen, deren Infrastruktur keine Wünsche offen lässt. **Bugibba** ist ihr Hauptort geworden; hier sind Geschäfte und Gastronomie konzentriert, Rundfahrtschiffe legen täglich ab. Auch die Malteser haben Bugibba als Ausflugsziel angenommen, am Wochenende fahren sie in Kolonnen abends zur Promenade und ins Kasino.

Prähistorische Tempelreste: Dolmen in Qawra

St. Paul's Bay lässt den pittoresken Fischerhafen noch ahnen, vor allem beim Spaziergang in der Nähe des Wignacourt Tower, des ältesten aller Wachtürme an der Küste. Einen Abstecher lohnt die **Malta Classic Car Collection** in Qawra, eine chromblitzende Privatsammlung von mehr als 50 Oldtimern (Tourists St., www.classiccarsmalta.com, Mo–Fr 9.30 bis 18, Sa, So 9.30–13.30 Uhr).

Die felsigen **St. Paul's Islands** schieben sich im Norden der St. Paul's Bay wie ein Wellenbrecher hinaus ins Meer. Auf diesem Eiland (es ist tatsächlich nur eines) soll der Apostel Paulus 60 n. Chr. Schiffbruch erlitten haben. Auf sechs Tafeln an der Kirche in St. Paul's Bay ist die Episode nachzulesen.

Karte
Seite 86

Restaurants

■ **Mange Tout**
356 St. Paul's Street
Xemxija (westl. von St. Paul's Bay)
Tel. 21 57 21 21
Edelste französisch-mediterrane Küche für den romantischen Abend. Schickes Ambiente; sehr klein. Mo–Sa ab 19.30 Uhr. ●●●

■ **Gillieru**
66 Church Street
St. Paul's Bay
Tel. 21 57 34 80
Die Glasveranda ist ein beliebter Treffpunkt, wenn Malteser mit schönem Blick essen wollen. Verlockend frisch die Fischgerichte und das Vorspeisenangebot. ●●

■ **Ristorante Savini**
Qawra Road
Qawra (an der Salina Bay)
Tel. 21 57 69 27
Ein 300 Jahre altes Gehöft am Ortsrand, hübsche Terrasse. Vielfältige lokale und internationale Gerichte. Mo–Sa ab 18.30, So 12–15 Uhr. ●●

■ **Nostalgia**
14 Mosta Road
St. Paul's Bay
Tel. 21 57 68 87
Sympathisch familiäre Atmosphäre in einem rund 100 Jahre alten Haus. Die Küche verrät französische, aber auch orientalische Einflüsse. ●–●●

Mellieha 28

Die Kleinstadt (ca. 7500 Einw.) mit ihrer **neobarocken Pfarrkirche** ist weithin ein Blickfang durch ihre exponierte Lage auf einem Plateau. Lange war sie Angriffsziel von Piraten und erfuhr erst im 19. Jh. mehr Ruhe.

Melliehas Nähe zu den Stränden fördert heute seine Popularität als Urlaubsstandort. Vom Kirchplatz aus erkennt man jenseits des Tales unter einem Felsüberhang vormalige Wohnhöhlen. In den Fels geschlagen wurde auch die **Höhlenkirche Sta. Marija** unter der Pfarrkirche, die in vorchristlicher Zeit ein Heiligtum war und mit ihrer Marien-Ikone Ziel zahlreicher Pilger ist.

Am Parish Square liegt auch der Eingang zu dem etwa 500 m langen Tunnelsystem, den **Shelters,** wo die Einwohner während des Zweiten Weltkriegs Schutz suchten (Mo–Sa 9–15.30 Uhr).

Unterwasser-Safari

Von der Mole in Bugibba (bei Bognor Beach) schickt »Captain Morgan« › S. 24 mehrmals täglich seine Glaskielschiffe auf Fahrt. Den Passagieren eröffnet sich der Blick auf eine artenreiche Flora und Fauna, wenn der Kapitän an den Klippen der **St. Paul's Islands** vorbeisteuert. Die Fischschwärme der Seegraswiesen und Riffe beeindruckt das wenig, es sei denn, Futter rieselt in die blaue See.

Anlässlich des Besuchs von Papst Johannes Paul II. hatte man hier 1990 eine Christus-Statue ins Meer versenkt, 2000 versetzte man sie jedoch in ein Meeresschutzgebiet etwa 300 m nordöstlich des Qawra Point, wo auch die ehemalige Gozo-Fähre »Imperial Eagle« als künstliches Riff viele Taucher anzieht.

Weithin sichtbar: der Red Tower am höchsten Punkt der Marfa Ridge

Echt gut!

An der Nordseite der Kirche ist die **Aussichtsterrasse der Seaview Bar** ein schöner Platz für eine Erfrischung. Sehr urig dagegen ist auf dem Kirchenvorplatz das **Café des Band Club**.

Durch die Straßen Triq Gorg Borg Oliver und Triq il-Kbira (Main Street) rollt oder steht der Durchgangsverkehr, zugleich liegen hier viele Geschäfte und interessante Lokale, so **George's Baker,** eine gute Adresse für Süßes oder Pizzas.

Restaurants

Giuseppi's Wine Bar

25 St. Helen Street Ecke Triq Gorg Borg Oliver][Mellieha

Tel. 21 57 48 82

In einem sehr schönen, ländlich eingerichteten Traditionshaus wird kreative maltesische Küche serviert. Tipp: *Soppa tar-Rikotta,* maltesische Käsesuppe. Mo–Sa ab 19.30 Uhr. ●●

Ausflüge ab Mellieha

Imposant erhebt sich der **Selmun Palace** 29 auf einem Felsenkamm östlich von Mellieha. Der durch seine Ecktürme markante Bau der Ritterzeit (17. Jh.) gehört heute zu einem Hotelkomplex (› S. 29). Die Gäste baden im großen Pool oder spazieren zur verträumten kleinen Sandbucht **Mgiebah**. Die Menschenmassen dort bleiben aus, denn der Fußmarsch und keinerlei Infrastruktur halten die meisten ab.

Gerade, wenn in der kühlen Jahreszeit kein Badewetter herrscht, lohnt sich der Besuch im Vogelschutzgebiet **Il-Ghadira** 30 an der Mellieha Bay. An den vor der Ritterzeit als Salinen genutzten Seen, die eine temporäre Verbindung zum Meer haben, sind ca. 200 Vogelarten heimisch. Auf Führungen (Englisch) sowie von Beobachtungshütten aus sind sie zu sehen (www.birdlifemalta.org/conservation/nature_reserves, Nov.–Mai Sa, So 10–16 Uhr, Eintritt frei, Spenden erbeten). Der Zugang zum kleineren Schutzgebiet **Is-Simar** **31** liegt an der St. Paul's Bay (Nov.–Mai So 10–16 Uhr). In beide Vogelschutzgebiete führen auch von Valletta die Buslinien Nr. 44 und 45.

Marfa Ridge

Man nennt die Halbinsel auch die Schwanzflosse am großen Fisch Malta. So steil sie nach Süden und Westen abbricht, so sanft senkt sie sich nordwärts ins Meer. Von der Mellieha Bay her steigt die Straße in Serpentinen von Meeresniveau bis auf über 100 m zur Marfa Ridge an. Natürlich bauten die Ordensritter an der Steilkante einen ihrer 23 Signal- und Beobachtungstürme: den **Red Tower** **32** (auch St. Agatha Tower; kleines Museum; tgl. ca. 10–12.30 Uhr).

Eine Straße führt parallel zur südlichen Felsenkante schnurgerade ostwärts durch eine mediterrane Landschaft: Feldmauern zum Schutz vor Bodenerosion, Windräder für die Bewässerung und überall Feigenkakteen. Sie endet bei einer kleinen Marienstatue und einer Kapelle am **Kap Rdum tal-Madonna** **33** – Land's End auf maltesisch.

Wie die Zinken eines Kamms wirken die Zufahrtsstraßen zu

Echt gut!

Strandleben – relaxt

- **Mellieha Bay** ist Maltas größte und schönste Sandbucht, ein Dorado zum Sonnenbaden mit Liegestuhl- und Sonnenschirmverleih und für alle Wassersportler. Lust auf Segeln macht das professionell ausgestattete Adira Sailing Centre (› S. 24, gute Segelschule, Bootsverleih). Wem nach Knotenüben, Wenden und Halsen etwas flau ist, der kann sich anschließend am Adira Lido (mit Imbiss) bestens entspannen.
- **Gnejna Bay** bei Mgarr heißt eine Lieblingsadresse der Einheimischen: Die kleine helle Sandbucht mit Felsplateaus bietet Kiosk, Busverbindung und eine Straße fast bis zum Wasser. › S. 126
- **Mistra Bay,** am Nordrand der St. Paul's Bay, hat zwar nur einen kleinen Sandstrand, doch wenn in der Dämmerung die Lichter von Bugibba aufflackern, und man sich ein Picknick oder die maltesisch-mediterrane Küche im Garten des Palazzo Santa Rosa (› S. 51) schmecken lässt, wird der Badestopp unvergesslich. Wer gut zu Fuß ist, kann am Wasser entlang über die Felsen laufen und vor den Salinen mit Blick auf St. Paul's Islands im ruhigen, klaren Wasser schwimmen und schnorcheln.
- **Mgiebah Bay,** ca. 1 km nördlich des Selmun Palace. › S. 122
- **Blue Lagoon,** die schönste Bucht des Inselchens Comino, ist eine Idylle, an den Sommerwochenenden sorgen hier allerdings die Ausflugsboote für Turbulenz. › S. 124

den Buchten im Norden, zur **Ponta ta'l-Ahrax** etwa mit einem fast kreisrunden Naturpool in der Landzunge oder zur populären **Armier Bay** 34. Der Sandstrand ist ganz flach, deswegen kindersicher und bestens besucht. Entsprechend gut ist die Infrastruktur: Café, Restaurant, Kiosk, Take-away, Sonnenschirm- und Liegestuhlverleih.

Von der kleineren Bucht **Ramla tal-Qortin** besteht eine Straßenverbindung nach **Cirkewwa** 35. Kurz vor dem Fährhafen für Gozo (› S. 23; Fähre nach Gozo) zweigt die Straße zur **Paradise Bay** ab. Das Paradies am Meer mag man sich anders vorstellen, aber der Beach Club sorgt für entspannte Stunden, u.a. mit dem Verleih von Liegen und Sonnenschirmen am goldbraunen Strand, Bar und Restaurant. Wer das Work-out in den Wellen sucht, kann Meereskajaks mieten.

Comino – Ein blaues Wunder erleben

Das Inselchen (2,6 km^2) wird schon in der Antike erwähnt, denn durch den wilden Thymian geriet der hiesige Honig besonders aromatisch. Im Mittelalter bürgerte sich die Bezeichnung *Kemmuna* (Kümmel) ein, woraus das heutige *Comino* wurde. Kümmel stellte ein wesentliches Exportprodukt der Maltesischen Inseln dar, bis nach dem amerikanischen Unabhängigkeitskrieg 1775–1783 der Baumwollanbau noch mehr abwarf. Kaninchen gab es ebenfalls zuhauf: In der Ritterzeit war Comino ein Jagdrevier für Langohren.

Strategisch war die Insel gleichfalls wichtig, zumal sich hier gern Piratenschiffe verbargen. Um die Passage zu sichern, ließen die Ritter 1618 den **Santa Marija Tower** mit 5 m dicken Wänden bauen. Den Arkadenbau unterhalb errichteten die Engländer als Quarantänestation, die vor allem im Ersten Weltkrieg genutzt wurde.

Die schönste Bucht ist die **Blue Lagoon.** Über dem hellen Sandboden entfalten sich türkisblaue Lichtspiele, die ihr den Namen gaben. An den Sommerwochenenden ist es mit der Idylle vorbei, wenn im Stundentakt die Ausflugsboote ihre Gäste am Strand abladen und vor der Bay Dutzende Privatboote ankern. Mutige Sonnenanbeter waten bei Niedrigstand durch das halshohe Wasser der Lagune zum Inselchen **Cominotto.** Doch Vorsicht: Bei Flut schaffen nur Zwei-Meter-Riesen den Rückweg, ohne zu schwimmen. Wer nicht im **Inselhotel** wohnt, ist dort als Tagesgast willkommen (Reservierung Tel. 21 52 98 21, Bootstransfer dann inklusive, › S. 31); gastronomisch wird für alles gesorgt. Im Wassersportzentrum stehen Segel- und Tretboote sowie Surfboards zur Verfügung, außerdem Räder für die Inselrunde, die auch zu Fuß Spaß macht.

Ausflugsboote ab Cirkewwa (beim Fährenanleger), Marfa Jetty/Ramla Bay und von Hondoq Bay (Gozo); Tagestouren u.a. mit »Captain Morgan Cruises« › S. 24.

*Golden Bay 36

Die weite Golden Bay präsentiert sich wie ein Bild aus dem Reisekatalog: gelber Sand, Sonnenschirme, Liegestühle und das neue Radisson SAS Hotel mit Wassersportzentrum. Die Bay ist auch Ziel der Ausritte des nahen **Golden-Bay-Reitstalls** (› S. 25). Der öffentliche Bus hält bei einer großen Beachbar in unmittelbarer Strandnähe.

Restaurants

Radisson SAS
Golden Bay
Tel. 23 56 10 00
(für alle Restaurants des Hotels)
www.radissonsas.com
Das legere **Agliolio** (●●) lädt zu italo-maltesischen Gerichten ein, zu einem aromatischen Kaffee die **Mokka Lobby Bar** mit Terrasse. Mit süßen Leckereien verwöhnt **Pebbles**, und maltesische Familien reservieren einen Tisch zum **Sunday Lunch** im **Flavours** (opulentes Büfett Mitte Okt.–Juni; sonst Mo–Sa Frühstück und Dinner).
Höchste Cuisine-Ambitionen verrät das **Essence** (nur abends; ●●●).

*Ghajn Tuffieha 37

Jenseits der Felsnase und des alten Wachtturms, im Süden der Golden Bay, liegt die verträumte Badebucht Ghajn Tuffieha. Sie ist Teil eines Naturschutzprojektes (www.projectgaia.org). Da es hier nur zu Fuß hinunter zum Meer geht, genießen meist nur wenige

Golden Bay – einer der längsten Badestrände auf Malta

die v.a. bei Sonnenuntergang schöne Stimmung am Wasser.

Östlich der Bucht entdeckte man 1929 römische Badeanlagen an einer Süßwasserquelle – *ghajn* bedeutet Quelle. Die von der Straße aus sichtbaren Ruinen der **Roman Baths** harren noch der Restaurierung.

Weite Flächen der zur mediterranen Garrigue-Vegetation gehörenden Wildpflanzen schützt der 2007 eingerichtete erste Nationalpark Maltas. **Il-Majjistral,** wörtlich »der Nordwesten«, verortet schon mit dem Namen das Gebiet auf der Insel: eine ca. 7 km^2 große Fläche entlang der Küste zwischen Golden Bay und Anchor Bay. Drei Nichtregierungsorganisationen kümmern sich um das Management des frei zugänglichen Parks.

Von Oktober bis Mai machen geführte Touren nicht nur mit der Garrigue-Vegetation bekannt, sondern auch mit Cart Ruts (› S. 102) sowie römischen, ritterzeitlichen und britischen Kulturzeugnissen (So 10–12.30 Uhr;

Anmeldung: walks@majjistral.org; im Sommer evtl. Abendführungen, www.majjistral.org).

Mgarr 38

Inmitten eines gitterförmigen Straßennetzes erhebt sich in Mgarr eine hellgelbe Kuppelkirche, deren Vorplatz Balustraden schmuck einfassen. Die Kirche bietet beste Orientierung, um die Restaurants zu finden, die inselweit für Kaninchenmenü, *Fenkata,* bekannt sind.

Die Besitzer des Restaurants Charles il-Barri entdeckten bei Kellerarbeiten 225 m lange Schutzräume aus dem Zweiten Weltkrieg, die als **Mgarr Shelters** vom Lokal aus zu besichtigen sind (Di–Sa 9–14, Sa 9–11.30 Uhr). Nur äußerst kümmerliche Reste bestehen von zwei nahen, ca. 5500 Jahre alten Megalithtempeln, **Ta' Hagrat** und **Skorba** (bei Zebbiegh), die Teil des UNESCO-Weltkulturerbes sind (nur Di 11.30–13 Uhr, nicht Fei).

Vegetation im Nationalpark Il-Majjistral

Die sonst struppig braune Flächen nahe den Klippen nördlich der Golden Bay verwandeln erst die Winterregen in einen bunt marmorierten Teppich. Wilder Thymian und eine Lavendelart blühen auch im Sommer. Mit den ersten Regentropfen im September/Oktober sprießen dann aus völlig verdorrt wirkenden Zwiebelgewächsen plötzlich die Blätter und bis zu 1 m hohe Stängel des weiß blühenden Asphodelus aestivus aus der Familie der Liliengewächse.

Restaurants

Charles il-Barri
Jubilee Esplanade][Tel. 21 57 32 35
Einfaches Lokal; das typische Kaninchenmenü *Fenkata* stellt auch kritische Gaumen zufrieden. Mo mittags Restaurant geschl., dann nur Barbetrieb. ●●

Ta' l-Ingliz
Kirchplatz][Tel. 21 57 46 05
Die kaum mehr als acht Tische »beim Engländer« sind schnell besetzt, insbesondere wenn eine oder zwei Familien sich zum *Fenkata*-Schmaus in dem rustikalen Lokal entschließen. Empfehlenswert auch die kleinen Landschnecken, *bebbux,* als Vorspeise. ●–●●

10 *Gnejna Bay 39

An Sonn- und Feiertagen bevölkern maltesische Familien die hübsche Bucht zwischen den hoch aufragenden gelben Felsen, wochentags genießt man die Sonnenuntergänge in idyllischer Ruhe. Der sandige, flache Abschnitt in der Mitte ist die Domäne der Kinder, auf den felsigen Rändern hingegen positionieren sich die Angler und jene, die mehr Handtuchfreiheit suchen. Wer gut zu Fuß ist, sollte zum **Lippija Tower** hinaufsteigen und den Rundblick genießen.

Am Elephant Rock auf Gozo

Gozo

Nicht verpassen!

- Die Zitadelle in Victoria erkunden
- Fischessen am Hafen von Marsalforn
- Spaziergang von Marsalforn zu den Salinen an der Qbajjar Bay
- Sonnenbaden auf den Felsen Dahlet Qorrot
- Azure Window an der Dweijra Bay und Inland Sea

Karte
Seite 132

Zur Orientierung

Trotz gleicher geologischer Beschaffenheit der Inseln unterscheidet sich Gozo deutlich von Malta. Durch die fruchtbaren Täler wirkt die Landschaft weit lieblicher. Es fehlen die krassen Gegensätze; das Grün der Anbauflächen, die Farben von Bäumen und Sträuchern kommen auf Gozo stärker zur Geltung.

Das kleine Gozo mit nur 34 000 Einwohnern lebt außer vom Fremdenverkehr traditionell von Landwirtschaft und Handwerk. Die Küstenlinie beherrschen Felsen, die auf der Südseite schroff ins Meer abfallen. Sandstrände finden sich bei **Marsalforn, Xlendi** und in der **Ramla Bay.**

Im Hauptort **Victoria** dokumentiert das Archäologische Museum 7000 Jahre Geschichte, in der die **Ggantija-Tempel** eine sehr frühe Kunstentwicklung bezeugen. Das Folklore-Museum in der Zitadelle präsentiert die Lebensweise des alten Gozo. Im Craft's Village Ta' Dbiegi wird die gesamte Palette des Kunsthandwerks angeboten.

Mgarr, der Ankunftshafen auf Gozo

Geschichtlich teilte Gozo die Geschicke der größeren Schwesterinsel, mit zwei Ausnahmen. 1551 überfielen osmanische Korsaren aus Nordafrika die Inselbevölkerung, die fast vollständig versklavt wurde. Diese Invasion beschleunigte die Befestigungsarbeiten der Ritter, die 1530 die Inseln übernommen hatten. Das andere Ereignis, wenn auch in mythologischer Ferne, bescherte Gozo eine berühmte Touristenattraktion: die über der Ramla Bay gelegene Grotte der Nymphe Kalypso, deren Reize der griechische Held Odysseus sieben Jahre lang genossen haben soll.

Wichtige Adressen

■ **Gozo Tourism Authority**
im kleinen Shoppingcentre Tigrija Palazz, Republic Street, Victoria (Rabat), Tel. 21 56 14 19, Mo–Sa 9–17, So, Fei 9–12.30 Uhr.

■ **Ager Foundation**
Tel. 21 56 43 78 oder 79 01 70 17; www.agerfoundation.com. Die Stiftung veranstaltet **Ausfahrten mit Fischern, Gastbesuche bei Schäfern und in Familien,** um z.B. die gozitanische Küche kennenzulernen, sowie geografisch

Echt gut

und geologisch interessante Wanderungen. Nicht alles ist kurzfristig verfügbar, daher Unternehmungen möglichst schon von zu Hause aus organisieren.

Touren in der Region

Grandiose Westküste zu Fuß

(13) Gharb › Ta Pinu › Il-Ponta Ta' Pinu › Il-Ponta Ta' Hekka › Birbuba › Santu Pietru › Tal Hellu › San Lawrenz › Dwejra Point › Gharb

Dauer: Gemütliche Tagestour, ca. 12 km
Praktische Hinweise: Zum Ausgangs- oder vom Endpunkt der Wanderung bestehen gute Busverbindungen. Wer mit dem Auto unterwegs ist, kann Teilstrecken damit zurücklegen, lediglich Il-Ponta Ta' Pinu und Il-Ponta Ta' Hekka sind nur zu Fuß erreichbar.

Die einsame Landschaft des Nordwestens prägen nicht nur die weithin sichtbare Wallfahrtskirche **Ta' Pinu** › S. 137, das erste, von **Gharb** › S. 136 schnell zu erreichende Ziel, sondern v.a. die spektakulär aufragenden Inselberge **Ta' Ghammar** (188 m) und **Ta' Gordan** mit einem Leuchtturm von 1853. Westlich der Berge wandert man durch das Tal des Wied il-Mielah bis zu dessen tief eingeschnittener Mündung an **Il-Ponta Ta' Pinu.** Einige hundert

Blick von Norden auf Dwejra Point und Fungus Rock

Meter östlich ist Pinu Point ein herrlicher Aussichtspunkt, ebenso weiter westlich **Hekka Point,** wo Wind und Meer bizarre Pilzfelsen skulptiert haben. Mit dem Kapellchen **San Dimitri** (am Weg nach Birbuba) verbindet sich die Legende der Befreiung eines Bauernsohns aus der Sklaverei.

Wo in der kargen Felslandschaft bei Santu Pietru die Straße in einem spitzen Winkel wieder in Richtung San Lawrenz führt, zweigt ein einsames Holpersträßchen zur Westküste ab (Tal Hellu). Je mehr man sich dem Inselrand nähert, umso schöner wird der Blick über die Bucht hinweg auf die Küste um **Dwejra Point**. Zum Abschluss sollte man das gewaltige Felsentor des ***Azure Window** und den aus dem Wasser der ****Dwejra Bay** › S. 137 aufsteigenden **Fungus Rock** noch aus der Nähe bestaunen. Leider gibt es keinen Weg am Meer entlang, sondern nur die Route über San Lawrenz. Der Rückweg nach Gharb verläuft über die Straße.

11 Per Pedes oder Bike von Victoria nach Marsalforn

14 Victoria › Marsalforn › Qbajjar/Salinen › Zebbug/ Ghasri › Victoria

Dauer: Ein halber Tag per Fahrrad, zu Fuß eine gemütliche Tagestour; ca. 11 km
Praktische Hinweise: Die Tour wird wahlweise zu Fuß oder mit dem Rad unternommen. Da Marsalforn am Weg liegt, kann man auf Proviant verzichten, sollte aber Wasser dabeihaben.

Victorias ****Zitadelle** › S. 131 bietet den perfekten Blick über die flachen Tafelberge im Norden Gozos. Rebpflanzungen und Gemüsefelder überziehen die weichen Täler. Von der Hauptstraße nach **Marsalforn** › S. 135 – man spaziert oder rollt gemütlich bergab – zweigt nach etwa 1,5 km ein Farmweg nach links in die Täler zu Füßen der Inselberge ab, in die ländliche Natur zwischen hohen Opuntien und Wildblumen.

Der Küstenweg von Marsalforn entlang der **Salinen** › S. 136 und bizarren Felsformationen lässt sich weiter nach Westen fortsetzen und mit einem Bad, z.B. in **Xwieni Bay,** verbinden.

Mit einem normalen Fahrrad sollte man dort die Straße hinauf nach **Zebbug** nehmen, zu Fuß oder mit dem Mountainbike dagegen die Szenerie der Steilküste weiter genießen und erst vor der Schlucht an der Mündung des Wied il-Ghasri landeinwärts abbiegen. Der Weg bei der Kapelle Tal Wied hinauf zum pittoresk auf dem Felsenkamm liegenden Zebbug ist eine Herausforderung, gelassener der Weg über **Ghasri,** im Westen als Kulisse den Inselberg Ta' Ghammar.

Unterwegs auf Gozo

Zwischen Mgarr und Victoria

Im Hafendorf **Mgarr** **1** legen die Fährschiffe an und landen die Wasserflugzeuge aus Malta; aber die farbenfrohen *Luzzu*-Boote der Fischer prägen immer noch das Bild der weiten Bucht. Die neugotische Kirche **Our Lady of Lourdes** überragt den Ort. Im nahen **Ghajnsielem** (Richtung Victoria) wird in einem Farmhaus die **Gozo Heritage Show** **2** präsentiert: Figurengruppen sowie Licht- und Toneffekte visualisieren Geschichte von der Steinzeit bis zur Gegenwart (Mo–Sa, Fei 8.30–16.45 Uhr). Café und Imbisslokal.

In Richtung Victoria liegt links von der Straße die majestätische, Johannes d. T. geweihte Kirche von **Xewkija** **3**. Ihre gewaltige Kuppel ist die viertgrößte in Europa. Die Kirche wurde von der kleinen Gemeinde mit den Spendengeldern ins Ausland abgewanderter Gozitaner errichtet und war 1971 vollendet. Die Kuppel sollte mit jener in Mosta auf Malta (› S. 85) konkurrieren.

12 Victoria (Rabat) 4

Das von einer mächtigen Zitadelle gekrönte Victoria ist Gozos Hauptort. Schon in der Antike erstreckte sich eine Akropolis auf dem exponierten Burgberg. Heute pulsiert das Leben zu Füßen der musealen Mauern, südlich der Republic Street zeigt sich Victoria, für das auch das arabische Rabat gebräuchlich ist, als lebhaftes Einkaufs- und Marktzentrum.

Auf dem **Independence Square** *(It-Tokk)* wird an Werktagen Markt gehalten (vorwiegend Bekleidung). Einen ungestörten Blick auf das Treiben hat man schon am frühen Morgen vom Balkon des **Central Coffee House** bei einem gemütlichen Frühstück. Echt gut!

Schmale Gässchen führen vom Independence Square in die pittoreske Altstadt mit der **Basilika San Gorg Martiri** (errichtet 1672–1678), für deren goldschimmernden Hochaltar Berninis Baldachin-Altar im Petersdom Vorbild war.

Am steilen Castle Hill, der vom Independence Square hinauf zur ****Zitadelle** führt, präsentiert das Citadel Theatre die Tonbildschau **Gozo 360 ° – Island of Joy,** ein Inselporträt in tausend Facetten (Mo–Sa 10–15, So, Fei bis 13 Uhr; halbstündlich, auch in Deutsch).

Durch einen Torbogen betritt man den schönen Vorplatz der ***Kathedrale Sta. Marija** (1697); Lorenzo Gafà war der Meister

Blick von der Zitadelle über Victoria

Spitzenklöpplerin auf Gozo

ihrer schmuckvollen Barockfassade. Im Inneren überziehen Grabplatten aus Marmor den Fußboden; die fehlende Kuppel ersetzt eine illusionistische Architekturmalerei in der Vierung.

Am 15. August wird um die Kirche herum das **Santa-Marija-Fest** mit einer Prozession und grandiosem Feuerwerk gefeiert.

Echt gut!

Im Palazzo Bondi befindet sich das ****Archäologische Museum.** Im Erdgeschoss sind Keramikfunde aus der Zeit der Ggantija-Tempel (ab 4000 v. Chr.) ausgestellt, die die hohe Entwicklungsstufe der neolithischen Kultur dokumentieren (bis zur »Tarxien-Kultur« 2500 v. Chr.). Die Exponate im 1. Stock stammen aus der Antike. Eine Seltenheit ist eine gläserne Urne aus dem 1./2. Jh. v. Chr. (www.heritagemalta.org/museums.html, tgl. 9–17 Uhr, letzter Einlass 16.30 Uhr).

Für vier Museen der Zitadelle (mit Ausnahme des Kathedralmuseums) gibt es das vergünstigte **Citadel Gozo Multi Site Ticket** (www.heritagemalta.org).

Echt gut!

Links vom Museumsbau erreicht man die Bastionen des Burgbergs, wo ein Rundgang ein vor allem abends stimmungsvolles 360-Grad-Panorama gewährt. In früheren Waffen- und Muniti-

(13) **Grandiose Westküste zu Fuß**
Gharb › Ta Pinu › Il-Ponta Ta' Pinu › Il-Ponta Ta' Hekka › Birbuba › Santu Pietru › Tal Hellu › San Lawrenz › Dwejra Point › Gharb

(14) **Per Pedes oder Bike von Victoria nach Marsalforn**
Victoria › Marsalforn › Qbajjar/Salinen › Zebbug/Ghasri › Victoria

Karte Seite 132

onslagern entstand eine kleine Ladengalerie, die den Weg zum **Crafts Centre** säumt. Hier gibt es Glaswaren, Töpferei und Schmiedeerzeugnisse zu sehen, einen Webstuhl sowie das Handwerkszeug zur Spitzenherstellung. Die Schätze des **Kathedralmuseums** nebenan sind u.a. Devotionalien und Silberarbeiten (Mo–Sa, nicht Fei, 10–13, 13.30–16.30 Uhr).

Das Gebäude des ***Folklore-Museums** entstand um 1500, zeigt jedoch Merkmale der normannischen Architektur des Hochmittelalters in Sizilien. Typisch sind die Zwillingsfenster mit feinen Mittelsäulen und Zackenreihen. Das Museum veranschaulicht das Leben in früherer Zeit, etwa durch eine Getreidemühle, die von Eseln angetrieben wurde, Trachten, Möbel und Windlichter, die einst die Kirchen beleuchteten (tgl. 9–17, letzter Einlass 16.30 Uhr,).

Restaurants

■ Ta' Rikardu

Triq il-Fosos

In der Zitadelle kann man gozitanische Spezialitäten einkaufen und mittags schlemmen. Der Besitzer stellt auch Wein, sonnengetrocknete Tomaten sowie den bekannten *gbejna* (Ziegenkäse) selbst her. Tgl. 10–18/19 Uhr. ●

■ Il-Panzier

Triq il-Karita][Tel. 21 55 99 79

Pasta und italienische Spezialitäten gibt es im Altstadthaus mit lauschigem Innenhof und gemütlicher Laube. Tgl. mittags und abends. ●●

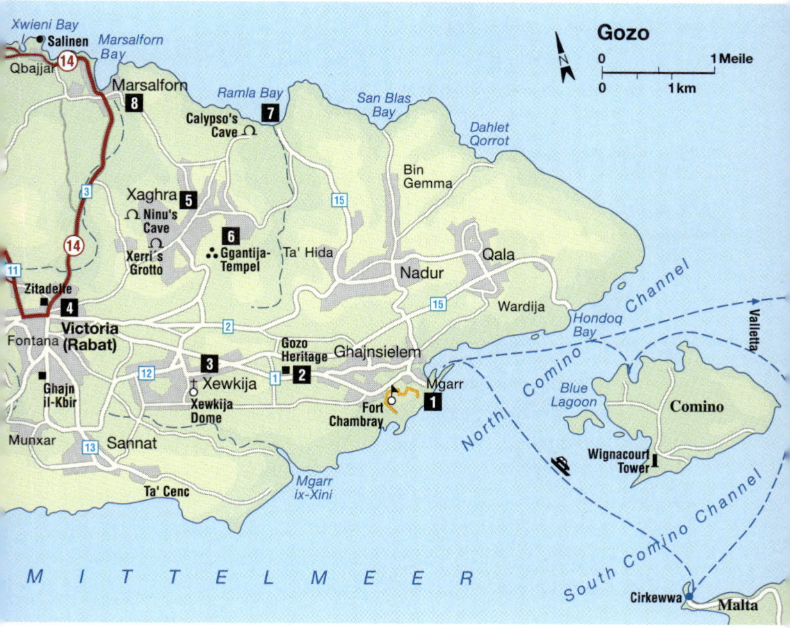

Windmühle in Xaghra

■ **The Grapes Wine Bar**

Pjazza San Gorg

Idyllisch sitzt man an den Bistrotischen auf dem Kirchvorplatz oder im Innern. Morgens/mittags Café, abends Weinbar mit reicher Auswahl. Tgl. ab 9 oder 10 Uhr bis nach Mitternacht. ●

Xaghra 5

Hoch oben auf einem Tafelberg beherrscht Xaghras barocke **Pfarrkirche** das Plateau. Der Innenraum ist eine Symphonie in Gelbtönen, wobei Marmorpilaster, Kapitelle und Golddekor miteinander wetteifern.

Vom Kirchplatz weist ein Schild zu **Xerri's Grotto** in der Gnien Imrik Street. Dort entdeckte man 1923 unter einem Wohnhaus eine Tropfsteinhöhle, deren Ablagerungen teilweise figürlichen Charakter zeigen. Interessant zu wissen: Ein Zentimeter Ablagerung von Stalagmiten oder Stalaktiten entsteht in etwa 500 Jahren (tgl. 9–18 Uhr; Änderungen möglich).

In der Gnien Xibla Street 10 bezaubert das **Museum of Toys: Pomskizillious,** eine liebevoll arrangierte Sammlung alten Spielzeugs (April, Okt., Nov. Do–Sa 10.30–13 Uhr, Dez., März nur Sa, Mai Mo–Sa 10.30–13.30 Uhr, Juni–Sept. auch 16–18 Uhr).

Restaurant

Oleander

10 Victory Square][Tel. 21 55 72 30

Köstliche kleine Gerichte, z.B. mit Ziegenkäse, serviert in einem rustikalen Ambiente, auch auf der Terrasse mit Blick auf die Kirche. Di–So 12–15, 19–22 Uhr, Mo geschl. ●–●●

Windmühlen auf Gozo

Windräder, die erst die Ritter einführten, sieht man häufig auf dem Archipel; sie fördern Grundwasser für die Landwirtschaft. Großmeister Nicolas Cotoner trieb im 17. Jh. den Getreideanbau voran und stiftete mehrere Wohnmühlen. Ein schönes Exemplar von 1725 steht bei **Xaghra.** Zu sehen sind im **Windmill Museum Ta' Kola** sowohl Werkstätten – Schmiede, Schreinerei – als auch die Wohnräume der Müller-Familie: Stube, Küche, Schlafzimmer. Selbst das alte Mahlwerk ist erhalten (am Parkplatz des Ggantija-Tempels ausgeschildert, tgl. 9–17, letzter Einlass 16.30 Uhr).

**Ggantija 6

Am Rand des Plateaus von Xaghra wurde diese großartige Tempelanlage von 1827 an ausgegraben. In den ältesten Teilen geht sie auf die Zeit um 3600 v. Chr. zurück. Der Legende nach schleppte eine Riesin *(Ggantija)* die bis zu 6 m hohen Steinblöcke zur Baustelle; die Bewegung der bis zu 20 t schweren Monolithe stellt eine erstaunliche Leistung dar (› Exkurs S. 106).

Die Anlage besteht aus zwei sakralen Komplexen, einer mit fünf Kammern, ein weiterer mit vier, umgeben von einer gemeinsamen Außenmauer; die Eingänge werden von senkrecht stehenden Steinplatten markiert und schauen nach Osten. In den ehemals überdachten Tempeln wurde der *Magna Mater*, der Fruchtbarkeitsgöttin, geopfert. Einige Steinplatten tragen rätselhafte Punktornamente (www.heritagemalta.org, tgl. 9–17, letzter Einlass 16.30 Uhr).

Ramla Bay 7

Gut ausgebaute Straßen führen in das trichterförmige Tal bis zu großen Parkplätzen: Indiz für den heftig angestiegenen Zulauf der Badegäste während der letzten Jahre. Abgesehen von zwei größeren Restaurants ist Ramla Bay jedoch noch unverbaut. Der **goldbraune Sandstrand fällt sanft ins Meer ab** und ist daher bei Familien mit kleineren Kindern äußerst beliebt, an Liegen und Sonnenschirmen haben die Händler ausreichend Vorrat.

cht gut!

Noch ein Abstecher in die Sagenwelt der Antike: Vom Westende des Strandes windet sich ein Pfad hinauf in die Felsen – oder bequemer: Auf halbem Weg der Straße von Xaghra nach Marsalforn einem Schild zu **Calypso's Grotto** folgen, die sich auf einer Felsnase oberhalb der Ramla Bay öffnet. Über Stufen steigt man in eine Felshöhle, in der nach der Mythologie die Nymphe Kalypso den schiffbrüchigen Odysseus sieben Jahre bei sich behielt. Das Schönste allerdings ist der Blick über die Küste.

Marsalforn 8

Das Fischerdorf von einst hat sich zu einem frequentierten Ferienort gewandelt und damit viel von seinem Charme eingebüßt. Ein Grund, dennoch hierher zu kommen, ist ein Bummel mit

In den Salinen von Marsalforn

anschließendem Fischessen am **Hafen**.

Westlich von Marsalforn überrascht die Landschaft an der **Qbajjar Bay** mit dem »Elefantenfelsen« und den ***Salinen** durch ihre bizarr-geometrischen Formen. Eindrucksvoll brandet die See gegen ein nach Westen ansteigendes Felsplateau, aus dem flache Bassins zu Verdunstung von Meerwasser herausgehauen wurden.

Echt gut!

Restaurants

■ **Ta' Frenc**
Ghajn Damma Street
(Straße zwischen Victoria und Marsalforn auf Höhe Xaghra)

Echt gut!

Intime Strände auf Gozo

■ **San Blas Bay** – eine kleine sandige Bucht nördlich von Nadur. Nur zu Fuß zu erreichen.

■ **Dahlet Quorrot** – die winzige Hafenbucht mit hellen, gelben Felsplateaus in bizarren Formen eignet sich besser zum Sonnen als zum Schwimmen.

■ **Hondoq Bay** – kleine Bucht mit Mini-Sandstrand und schönen Handtuchplätzen auf den Felsen nach Westen hin. Imbissrestaurant. Empfiehlt sich nur wochentags und außerhalb der maltesischen Ferien!

■ **Mgarr ix-Xini** – eine von Felsen eingerahmte, tief eingeschnittene, zauberhafte Bucht an der Südküste, allerdings kein Sandstrand und am Wochenende gut besucht. Bester Fisch in einer Taverne, die bei gutem Wetter mittags geöffnet ist. ●

Tel. 21 55 38 88
www.tafrencrestaurant.com
In einem elegant gestylten Farmhaus wird hier feinste Kochkunst geboten. Tgl. 12–14 und ab 19 Uhr, Reservierung empfohlen. ●●●

■ **Chez Amand**
Seafront Qbajjar Bay][Marsalforn
Tel. 21 56 11 88
Einrichtung mit Geschmack, reizvoller Blick auf die Küste. Internationale Köstlichkeiten, zubereitet mit der Professionalität eines belgischen Küchenchefs. Tagesmenüs. Mi geschl. ●●●

■ **Il-Kartell**
Marina Street][Marsalforn
Tel. 21 55 69 18
www.il-kartellrestaurant.com
Ein Dauerbrenner in der Beliebtheit bei den Einheimischen. Romantisches Ambiente, vor allem wenn man bei gutem Wetter direkt am Hafenkai sitzt. Reichhaltige Karte für maltesische Gerichte, aber auch Pizzas.
Tgl. 12–14.30, 18.30–23 Uhr. ●●

Gharb 9

Das beschauliche Gharb, etwa 4 km westlich von Victoria, ist fast schon ein Wahrzeichen Gozos, und zwar durch die häufig abgebildete barocke Schmetterlingsfassade der Pfarrkirche ***Mariä Heimsuchung** (*Church of Visitation*, Anf. 18. Jh.). An die alten Zeiten erinnert das private ***Gharb Folklore Museum** gleich am Kirchplatz, das in mehr als 25 Räumen eines gozitanischen Hauses traditionelle Handwerkskünste und bäuerliche Lebens- und Wohnkultur darstellt (Mo–Sa 9–16, So 9–13 Uhr).

Karte Seite 132

Östlich von Gharb weisen Schilder zur Marienkirche **Ta' Pinu**, dem wichtigsten Wallfahrtsziel der Malteser. Die imposante Basilika (1931) steht an der Stelle einer alten Kapelle, in der die Bäuerin Carmela Grima 1883 die Stimme der Gottesmutter gehört haben will.

Restaurants

Salvina's
21 Triq Frenc tal-Gharb
Tel. 21 55 25 05
Mit stimmungsvollem Landhausambiente und maltesisch-mediterraner Küche wartet das bekannte kleine Restaurant unweit der Kirche auf. Do geschl. ●●

Tatitas
34 San Lawrenz Square
San Lawrenz][Tel. 21 56 64 82
cht gut! **Hinreißend geschmackvolle Ausstattung** eines über hundert Jahre alten Hauses, wunderbare Terrasse auf dem Kirchplatz. Serviert wird exzellente mediterrane Marktküche. Nur März bis Okt. tgl. 12–14.30, 18–22.30 Uhr, im Aug. mittags geschl. ●●

Shopping

Westlich von Gharb, vor **San Lawrenz** passiert man das **Ta' Dbiegi Crafts Village** mit einer bunten Palette gozitanischen Kunsthandwerks (Mo–Sa 9.30–17 Uhr). Dort befinden sich die neuen Werkstätten und Verkaufsräume von Gozo Glass (1989 gegründet), wo man den **kunstfertigen Glasbläsern zusehen** kann, wie sie aus glühend roten Glastropfen fragile bunte Gebilde formen (Mo–Fr 9.30 bis 13.30 Uhr; Shop bis 18 Uhr, Sa bis 14 Uhr geöffnet).

cht gut!

Die barocke Pfarrkirche von Gharb

**Dwejra Bay und *Azure Window 10

Von San Lawrenz führt eine Stichstraße auf ein weites Plateau auf Meeresniveau, über das an manchen Tagen die Wellen schlagen. Nach Norden hin haben sie ein riesiges Tor aus einer Felsnase gespült – und noch ist die oberste Platte dick genug, um über das **Azure Window** zu spazieren. Versteinerte Muscheln sind der Beweis, dass der Stein vor Jahrmillionen aus marinen Ablagerungen gebildet wurde.

Landeinwärts endet ein Weg an der ***Inland Sea**, ein winziges »Binnenmeer«, das ein Tunnel zum Meer hin verbindet. Für

Das Felsentor des Azure Window ragt 20 m hoch aus dem Wasser

Schwimmer ist er zu gefährlich, selbst für Taucher an gewissen Tagen ein Risiko, Fischerboote aber passieren ihn.

Auf der Südseite der Bucht, unterhalb eines Wachturms aus der Ritterzeit, steigt der **Fungus Rock** aus dem Wasser. Dort wuchs der sog. Malteser Schwamm, eine rotbraune Schmarotzerpflanze, der die Ordensritter Heilkräfte zuschrieben. Pilzdieben drohte die Todesstrafe. Heute lieben insbesondere Taucher die an Klippen und Höhlen reiche Küste.

*Xlendi Bay 11

Gozos kleinste Badebucht ist wie ein Fjord aus dem Fels der Steilküste gesägt und gibt für Taucher ein perfektes Revier ab.

Auch hier hat die touristische Entwicklung zu einer regen Bautätigkeit geführt. An der kleinen, stimmungsvollen Strandpromenade mit Cafés und Restaurants hat der Ort dennoch seinen verträumten Reiz behalten – vor allem abends, wenn die Flut der Tagesausflügler abebbt.

Restaurant

It-Tmun
3 Mt. Carmel Street
Xlendi
Tel. 21 55 15 71
Gozitanischer Spargel und vor allem Meeresfrüchte und Fisch sind die Spezialitäten des sympathischen Restaurants, das man in einer Seitenstraße der Promenade findet.
Di geschl., sonst mittags 12–14, abends 18–22 Uhr. ●●

Infos von A–Z

Ärztliche Versorgung

Der Abschluss einer privaten Reisekrankenversicherung wird empfohlen.

- **Mater Dei Hospital**
Msida, Malta, Tel. 25 45 00 00
- **Gozo Craig General Hospital**
Victoria, Gozo, Tel. 21 56 16 00
- **Notruf/Ambulanz:** Tel. 196

Behinderte

Die Tempel von Hagar Qim, Mnajdra, Tarxien sowie St. John's Co-Cathedral sind mit Rollstühlen zugänglich. Infos:

- **National Commission for the Handicapped,** Tel. 21 48 77 89

Rollstühle, Gehhilfen, Transportmittel für Exkursionen stellt zur Verfügung:

- **Physically Handicapped Rehabilitation Centre,** Albert Bonnici, Kordin, Paola, Tel. 21 69 38 63

Diplomatische Vertretungen

- **Deutsche Botschaft**
»Il-Piazzetta«, Tower Road, Sliema
Tel. 21 33 65 31 und 21 33 65 20
www.valletta.diplo.de.
- **Österreichische Botschaft**
Whitehall Mansions, Ta'Xbiex Seafront, Tel. 23 27 90 00
- **Generalkonsulat der Schweizerischen Eidgenossenschaft**
6–7 Zachary Street, Valletta
Tel. 21 24 41 59, ml@elcol.com

Einreisebestimmungen

Für deutsche, österreichische und Schweizer Staatsbürger genügt der Personalausweis bzw. die Identitätskarte für Aufenthalte bis zu drei Monaten.

! Für **Hunde und Katzen** muss der Tierhalter einen EU-Heimtierpass mit Impf- und Untersuchungsnachweisen vorlegen. Infos bei den Fremdenverkehrsämtern.

Elektrizität

Wechselstrom mit 240 V/50 Hz. Commonwealth-Adapter (engl. *plug*) für Normalstecker notwendig.

Feiertage

1. Januar, 10. Februar (Schiffbruch des hl. Paulus), 19. März (hl. Josef), 31. März (Freedom Day), Karfreitag, 1. Mai, 7. Juni (Sette Giugno), 29. Juni (Peter & Paul), 15. August (Mariä Himmelfahrt), 8. September (Victory Day), 21. September (Unabhängigkeitstag), 8. Dezember (Unbefleckte Empfängnis), 13. Dezember (Tag der Republik), 25. Dezember (Weihnachten)

FKK

Nacktbaden ist verboten; »oben ohne« setzt sich langsam durch.

Geld und Währung

Malta gehört zur Eurozone. Bankkarten mit Maestro-Zeichen (auch für Bargeld an Bankautomaten), Kreditkarten und Traveller Cheques werden akzeptiert.

Information

Fremdenverkehrsämter Malta

- **Für Deutschland**
Schillerstr. 30–40, 60313 Frankfurt
Tel. 0 69/28 58 90,
info@urlaubmalta.com
- **Für Österreich**
Opernring 1/E/3, 1010 Wien
Tel. 01/5 85 37 70,
wien@urlaubmalta.com
- **Für die Schweiz**
Sumatrastr. 25, 8023 Zürich
Tel. 044-3 50 39 83,
switzerland@urlaubmalta.com

Büros der Tourismusbehörde Malta Tourism Authority (MTA) auf Malta

- **Valletta:** › S. 55

- **Luqa Airport:** Arrivals Lounge, Tel. 23 69 60 73/-74, tgl. 10–21 Uhr
- **Gozo:** › S. 128
- **Service/Customer Care** für allg. Infos (nicht Hotels) und Beschwerden Tel. 80 07 22 30 (gebührenfrei in Malta) oder 21 23 73 49. Mo–Fr 8–12.30, 13.15–17 Uhr, info@visitmalta.com, www.visitmalta.com/tourist-information

Thematische Stadtführungen und Inseltouren

- **Malta Union of Tourist Guides** Tel. 99 47 28 82, www.maltatouristguides.org, Anmeldung erforderlich.

! Nützliche Informationen enthalten das **Bordmagazin von Air Malta,** kostenlose Magazine wie **Events Malta** (monatl.), **Day by Day** (monatl.), **grip** (Magazin des Flughafens), **guide me** (zweimonatl.; Magazin des Hotel- u. Restaurantverbandes).

Maßeinheiten

Neben dem Dezimalsystem benutzt man das englische Pfund (454 g) sowie die Hohlmaße *pint* (0,57 l) und *gallon* (4,54 l); manche Autos haben Meilentachos (1 Meile = 1609 m).

Notruf

- **Polizei:** 191
- **Ambulanz:** 196, Gozo: 21 55 16 00
- **Feuerwehr:** 1 99, Gozo: 21 56 20 40
- **Helikopterrettung:** 21 24 43 71
- **Wasserrettung:** 21 23 87 97
- **Pannenhilfe:** 21 24 81 16

Öffnungszeiten

- **Banken:** In der Regel Mo–Do 8.30 bis 13.30, Fr 8.30–15.30, Sa bis 11.30/12 Uhr
- **Post:** Mo–Sa 7.30–12.45 Uhr, mitunter auch Mo–Fr 16–18 Uhr
- **Geschäfte:** 9–19 Uhr, Sa auch bis 20 Uhr mit mehrstündiger Mittagspause ab 12.30 oder 13.00 Uhr

Rauchen

Auf Malta, Gozo und Comino gilt ein Rauchverbot in Bars, Diskos, Restaurants, Hotels etc.

Telefon/Internet

Öffentliche Fernsprecher funktionieren meist mit Telefonkarten (in Postämtern und Geschäften erhältlich). **Mobiltelefone** funktionieren problemlos.
Maltas Städte und Ortschaften haben keine Vorwahlnummer.
Vorwahlnummern (international):

- **Deutschland:** 00 49
- **Österreich:** 00 43
- **Schweiz:** 00 41
- **Malta:** 00 356

Internetzugang ermöglichen v.a. Hotels in ihren Lobbys.

Trinkgelder

Für Dienstleistungen wird kein Trinkgeld erwartet. Im Restaurant gibt man etwa 10 %.

Zollbestimmungen

Für den Reiseverkehr innerhalb der EU gelten folgende Freimengen (Ein- und Ausreise): 800 Zigaretten oder 200 Zigarren, 10 l Spirituosen, 90 l Wein. Schweizer dürfen 200 Zigaretten oder 50 Zigarren, 1 l Wein, 1 l Spirituosen zollfrei nach Malta einführen bzw. nach Hause (Waren und Geschenke bis zum Gesamtwert von 300 CHF) mitnehmen.

Urlaubskasse	
Tasse Kaffee	1,40 €
Softdrink	1,20 €
Glas Bier	1,80 €
Sandwich (krosses Brötchen mit Salami)	2 €
Kugel Eis	0,70 €
Taxifahrt (10–12 km)	19 €
Mietwagen/Tag	ab 30 €

Register

Bildnachweis

Alamy/Aron Mifsud Bonnici: 50; Alamy/Rough Guides: 29; Alamy/Robert Harding Picture Library Ltd: U2-Top12-9; Alamy/Phil Kelly: 125; Alamy/picturesbyrob: U2-Top12-10; Alamy/Peter Scholey: 43; Alamy/Peter Treanor: 38; A. M.Bergsteiger: 40; APA Publications/Glyn Genin: 9, 11, 26, 47, 59, 75, 88, 94, 97, 100, 105, 108, 112, 120, 134, 137, 138; Bildagentur Huber/A.Saffo: U2-Top12-2, 54; Bildagentur Huber/R. Schmid: 6, 64; fotolia.com/Thomas Gerlach: 2-3; fotolia.com/Carsten Neff: 2-1; fotolia.com/Andreas Safreider: U2-Top12-3; fotolia.com/Snappy: 122; Rainer Hackenberg: 63, 113; Gerold Jung: 66, 132; Jupiter Images/Fuste Raga: 90; laif/Celentano: 83; laif/Tobias Gerber: 68; laif/hemis: U2-Top12-8, 1, 32, 107, 111, 128; laif/hemis fr./Bertrand Gardel: 12, 15, 45; laif/Hub: 22, 31; laif/Kirchgessner: 14, 25, 135; laif/Kirchner: 37, 58, 114; LOOK-foto/Sabine Lubenow: 52, 78; LOOK-foto/Ingolf Pompe: 92, 116; LOOK-foto/Jose Fuste Raga: 42; LOOK-foto/Thomas Stankiewicz: U2-Top12-11 Harald Mielke: 127; Pixelio/haasi1: 131; Pixelio/Richard: U2-Top12-6; Pixelio/Hajo Steinsträßer: 2-2; Klaus Thiele: 98, 102; via/Trudie Trox: U2-Top12-1, U2-Top12-4, U2-Top12-5, U2-Top12-7, U2-Top12-12, 24, 44, 46, 71, 76, 85, 118, 129; via/Christoph Zeile: 28; Ernst Wrba: 18, 49, 81.

www.polyglott.de

Polyglott im Internet: www.polyglott.de

Impressum

Wir freuen uns, dass Sie sich für einen Reiseführer aus dem Polyglott-Programm entschieden haben. Auch wenn alle Informationen aus zuverlässigen Quellen stammen und sorgfältig geprüft sind, lassen sich Fehler nie ganz ausschließen. Wir bitten um Verständnis, dass der Verlag dafür keine Haftung übernehmen kann. Ihre Hinweise und Anregungen sind uns wichtig und helfen uns, die Reiseführer ständig weiter zu verbessern.
Bitte schreiben Sie uns:
Polyglott Verlag, Redaktion, Postfach 40 11 20, 80 711 München, redaktion@polygott.de

Wir wünschen Ihnen eine gelungene Reise!

Herausgeber: Polyglott-Redaktion
Autorin: Trudie Trox
Redaktion: Werkstatt München • Buchproduktion
Lektorat: Yvonne Paris
Bildredaktion: Monika Keiler und Anja Dengler
Layout: Ute Weber, Geretsried
Titeldesign-Konzept: Studio Schübel Werbeagentur GmbH, München
Karten und Pläne: Polyglott Kartografie und Kartographie Huber
Satz: Michael Welker
Druck: Himmer AG, Augsburg
Bindung: »Butterfly«-Bindeverfahren zum Patent angemeldet durch Kolibri Industrielle Buchbinderei GmbH 2008

Printed in Germany
Dieses Buch wurde auf chlorfrei gebleichtem Papier gedruckt.
ISBN 978-3-493-55824-1

Langenscheidt Mini-Dolmetscher Englisch

Allgemeines

Guten Morgen.	Good morning. [gud **moh**ning]
Guten Tag. (nachmittags)	Good afternoon. [gud after**nuhn**]
Hallo!	Hello! [häl**loh**]
Wie geht's?	How are you? [hau **ah**‿ju]
Danke, gut.	Fine, thank you. [**fain, θänk**‿ju]
Ich heiße ...	My name is ... [mai **nehm**‿is]
Auf Wiedersehen.	Goodbye. [gud**bai**]
Morgen	morning [**moh**ning]
Nachmittag	afternoon [after**nuhn**]
Abend	evening [**ihw**ning]
Nacht	night [nait]
morgen	tomorrow [tu**morr**oh]
heute	today [tu**deh**]
gestern	yesterday [**jes**terdeh]
Sprechen Sie Deutsch?	Do you speak German? [du‿ju spihk **dsehöh**mən]
Wie bitte?	Pardon? [**pah**dn]
Ich verstehe nicht.	I don't understand. [ai **dohnt** ander**ständ**]
Würden Sie das bitte wiederholen?	Would you repeat that please? [wud‿ju ri**piht** ðät, **plihs**]
Langsamer bitte!	Could you speak a bit more slowly, please? [kud‿ju spihk‿ə bit moh **slou**li **plihs**]
bitte	please [**plihs**]
danke	thank you [**θänk**‿ju]
Keine Ursache.	You're welcome. [joh **wäll**kamm]
was / wer / welcher	what / who / which [wott / huh / witsch]
wo / wohin	where [wäə]
wie / wie viel	how / how much [hau / hau **matsch**]
wann / wie lange	when / how long [wänn / hau **long**]
warum	why [wai]
Wie heißt das?	What is this called? [**wott‿is** ðis **kohld**]
Wo ist ...?	Where is ...? [**wä r**‿is ...]
Können Sie mir helfen?	Can you help me? [kän‿ju **hälp**‿mi]
ja	yes [jäss]
nein	no [noh]
Entschuldigen Sie.	Excuse me. [iks**kjuhs** mi]
rechts	on the right [on ðə reit]
links	on the left [on ðə left]

Sightseeing

Gibt es hier eine Touristeninformation?	Is there a tourist information? [is‿ðər‿ə **tu** rist infəmehschn]
Haben Sie einen Stadtplan / ein Hotelverzeichnis?	Do you have a city map / a hotel guide? [du‿ju häw‿ə **ß**iti mäpp / hoh**täll** gaid]
Welche Sehenswürdigkeiten gibt es hier?	What are the local sights? [**wott**‿ə ðə **loh**kl **ßaits**]
Wann ist ... geöffnet?	When are the opening hours of ...? [**wänn**‿ah ði **ohp**ning auers əw ...]
das Museum	the museum [ðə mju**sih**əm]
die Kirche	the church [ðə **tschöh**tsch]
die Ausstellung	the exhibition [ði egsi**bischn**]
Wegen Restaurierung geschlossen.	Closed for restoration. [k**lohsd** fə rästə**rehschn**]

Shopping

Wo gibt es ...?	Where can I find ...? [**wäə** kən‿ai **faind** ...]
Wie viel kostet das?	How much is this? [**hau**‿matsch **is**‿ðis]
Das ist zu teuer.	This is too expensive. [ðis‿is **tuh** ik**spänn**ßiw]
Das gefällt mir (nicht).	I like it. / I don't like it. [ai **laik**‿it / ai **dohnt laik**‿it]
Gibt es das in einer anderen Farbe / Größe?	Do you have this in a different colour / size? [du‿ju **häw**‿ðis in‿ə **diff**rənt **kaller** / **ßais**]
Ich nehme es.	I'll take it. [ail **tehk**‿it]
Wo ist eine Bank / ein Geldautomat?	Where is a bank / a cash dispenser? [**wä r**‿is ə‿**bänk** / ‿ə **käsch** dispännser]
Geben Sie mir 100 g Käse / zwei Kilo ...	Could I have a hundred grams of cheese / two kilograms of ... [kud‿ai häw‿ə **hann**drəd grämms‿əw **tschihs** / **tuh kill**əgrämms‿əw ...]
Haben Sie deutsche Zeitungen?	Do you have German newspapers? [du‿ju häw **dsehöh**mən **njuhs**pehpers]
Wo kann ich telefonieren / eine Telefonkarte kaufen?	Where can I make a phone call / buy a phone card? [**wäə** kən‿ai mehk‿ə **fohn**‿kohl / bai‿ə **fohn**‿kahd]